[唐]周昉《簪花仕女图》（局部）

　　周昉生活在安史之乱后大唐由盛而衰的转折期，他与张萱的仕女图都是唐代仕女画的巅峰之作。《簪花仕女图》描绘了贵族女子在高墙深院内奢华而索寞的生活，是中国古代现实主义风格的精品画作，也是唯一认定的唐代仕女画传世孤本，异常珍贵。现藏于辽宁省博物馆，为镇馆之宝。

[唐] 张萱《捣练图》（宋徽宗赵佶摹）

张萱是活跃于唐玄宗时期的宫廷画家，擅长描绘上层人物的日常生活。《捣练图》描绘了贵族妇女捣练、熨练、缝制衣物的场景，人物形态各异，妙趣横生，是我们了解唐朝社会的珍贵文物。现藏于美国波士顿美术馆。

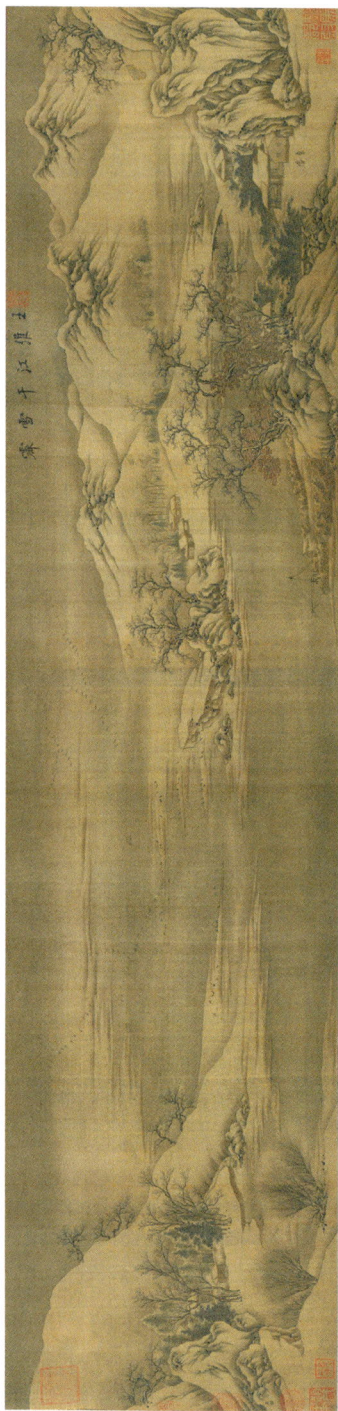

[唐] 王维《江干雪霁图卷》（局部）

王维画作传世的不多，作品恬淡、静谧，富有禅意，与他的诗歌一脉相承，为中国文人画的集大成者，苏轼深深受其影响。《江干雪霁图卷》现藏于日本。

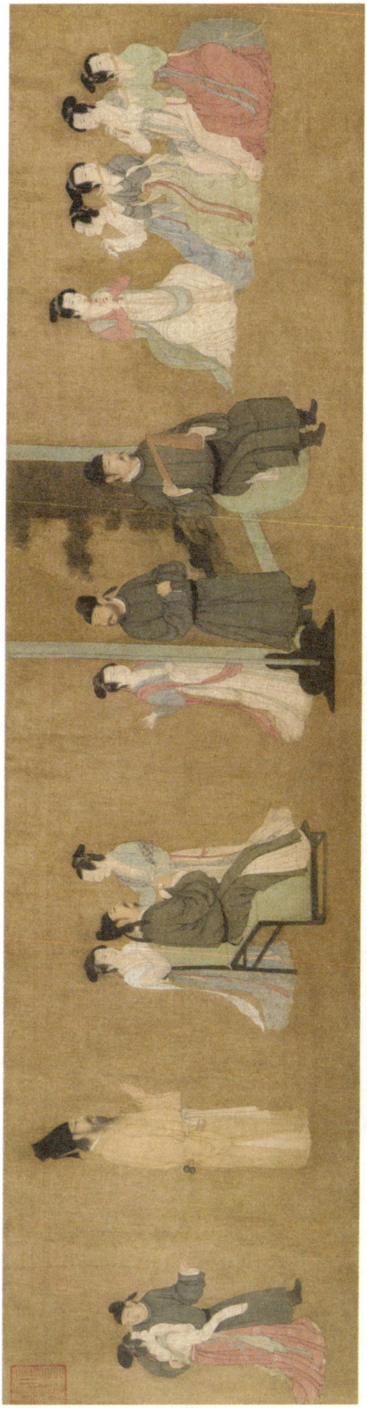
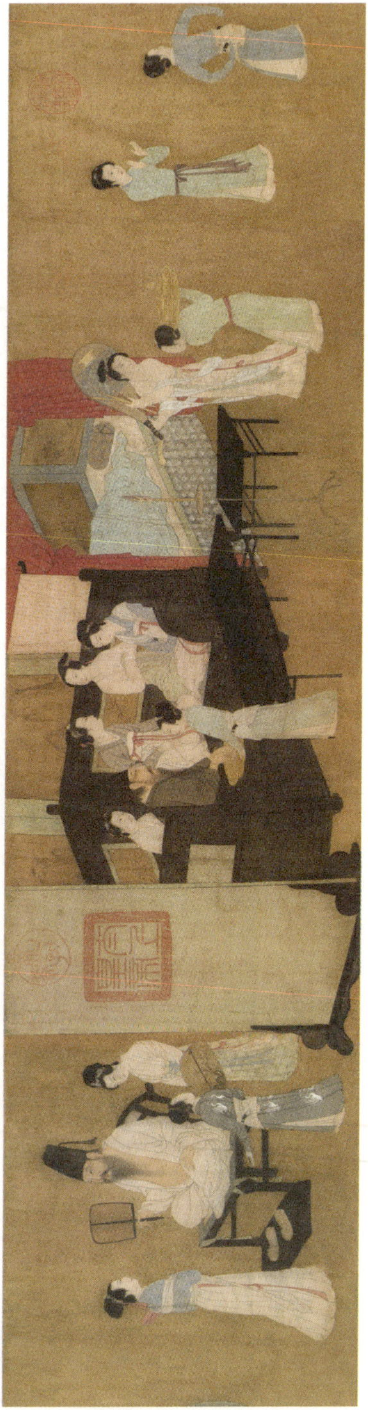

[五代] 顾闳中《韩熙载夜宴图》（宋摹本）

顾闳中为南唐李后主时期的宫廷画家。这幅画描绘了官员韩熙载夜宴宾客、载歌行乐的场面。依时间顺序分为五段：赏乐、观舞、歇息、清吹、散宴。主人公韩熙载在欢乐之中隐隐流露出郁郁不乐的神情，似乎昭示了南唐的衰败颓势。现藏于北京故宫博物院。

— [北宋] 苏轼《洞庭春色赋》 —

吾闻橘中之乐，不减商山。岂霜余之不食，而四老人者游戏于其间。悟此世之泡幻，藏千里于一斑。举枣叶之有余，纳芥子其何艰。宜贤王之达观，寄逸想于春风。泛天宇兮清闲。吹洞庭之白浪，涨北渚之苍湾。携佳人而往游，勤雾鬓与风鬟。命黄头之千奴，卷震泽而与俱还。糁以二米之禾，藉以三脊之菅。忽云蒸而冰解，旋珠零而涕潸。翠勺银罂，紫络青纶。随属车之鸱夷，款木门之铜镮。分帝觞之余沥，幸公子之破悭。我洗盏而起尝，散腰足之痹顽。尽三江于一吸，吞鱼龙之神奸。醉梦纷纭，始如髦蛮。鼓包山之桂楫，扣林屋之琼关。卧松风之瑟缩，揭春溜之淙潺。追范蠡于渺茫，吊夫差之恍忽。倒五湖之淳酽，洗亡国之愁颜。惊罗袜之尘飞，失舞袖之弓弯。觉而赋之，以授公子曰：乌乎噫嘻，吾言夸矣，公子其为我删之。

[北宋] 苏轼《洞庭春色赋·中山松醪赋》

此行书卷中两赋并后记，总计六百八十四字，为苏轼传世墨迹中字数最多者。为苏轼晚年被贬往岭南，在途中遇大雨阻阻时的遣怀之作。明代张孝思有评云："此二赋经营下笔，结构严整，郁屈瑰丽之气，回翔顿挫之姿，真如狮虎踞噬。"明代王世贞云："此不惟以古雅胜，且姿态百出，而结构谨密，无一笔失操纵，当是眉山最上乘。"现藏于吉林省博物院。

［唐］韩幹《十六神骏图》（局部）

在唐朝，骏马具有重要意义。从唐太宗的昭陵六骏，到唐玄宗的汗血宝马，再到以马为主题的诗、画、音乐、以及马球，马术运动，无不体现出唐人对马的喜爱和痴迷。

韩幹为玄宗时画家，曾得到王维的资助，专心学画，擅长画马。苏轼曾为此画赋诗《韩幹马十四匹》，诗中有云："一马任前双举后，一马却避长鸣嘶。老髯奚官骑且顾，前身作马通马语……此诗此画谁当看！"对后世影响很大。韩生画马真是马，苏子作诗如见画。世无伯乐亦无韩，

鲜衣怒马少年时

2

唐宋诗章里的盛世残梦

少年怒马 ◎ 著

湖南文艺出版社
HUNAN LITERATURE AND ART PUBLISHING HOUSE

博集天卷
CS-BOOKY

目录
Contents

读《水浒》，我一直不喜宋江，直到第三十九回浔阳楼题反诗，才对黑三郎有了一点好感。读《红楼》，不喜宝钗，直到她写出"好风频借力，送我上青云"，才看到宝姐姐被压抑的青春。

《三国演义》把曹操刻画成一个奸诈的大坏蛋，但只要读读曹孟德的诗，很难不路转粉。

原因不只是他们诗写得好，而是诗歌令这些人物血肉丰满。比如曹操，一个有血有肉的坏蛋，胜过一个面目模糊的好人。

读历史书就没这么幸运了。

　　历代官方著史，大多是某年某地，某人某事，如同一条条新闻短讯，人物情感和细节严重缺失。那些可是影响历史进程的人，他们身上一定有故事，有传奇，有不得已，以及鸡毛蒜皮的生活。可惜史书里看不到。

　　大概从《诗经》开始，人们给诗歌定了调，叫"诗以言志"，诗歌就成了很个人化的表达。诗人们通常又沉沦下僚，于是，他们的诗歌，成了史书之外的东西。

　　由宋开始，直至明清，对唐诗的研究从未间断，其中不乏时代大作。但这些书要么是文学范畴，要么是美学范畴，少有从历史角度切入的。大概是认为，再大的诗人，在历史进程面前也是小人物，况且诗歌又不够严谨，全是主观体验。

　　读唐史的时候，有段时间我钻进府兵制、募兵制的学术海洋，差点淹死，脑中却捞不出一个大唐普通士兵的形象。这也难怪，在时代大制度下，在王朝兴衰的历史浪潮中，谁会在史书上记录一个普通士兵呢！

　　直到有一天，我读到卢纶的《逢病军人》，一个大唐普通士兵的形象立刻鲜活起来：

　　　　行多有病住无粮，万里还乡未到乡。

　　　　蓬鬓哀吟古城下，不堪秋气入金疮。

　　与刚刚过去的盛唐诗相比，它不够飘逸，也不雄浑。可正是这种娓娓道来，反而增加了真实性。顺着诗人的目光，我们似乎来到大历史里那个微不足道的现场。

一个从战场上归来的士兵，拖着受伤的身体，衣衫褴褛，身无分文，来到一座城墙下。饥饿和伤病折磨着他，他蜷缩着身子，甚至躺在地上，哀号，呻吟。

但最艰难的时刻还不是现在，而是秋天过后即将到来的寒冬。诗人记录的是一个片段，我们却不难猜到后续的故事。这个士兵走到这里，离家还很遥远，他能活着走到家，几乎不可能了，就算不病死、饿死，也会受冻而死。

如果是史书，我们就看不到这个"病军人"，他只会化作冰冷的伤亡数字——某场战役，死伤多少万人。

这首诗给我的另一个惊喜，是对战前诗歌的回应。李白的《战城南》、杜甫的《兵车行》、"三吏三别"中的那些士兵，后来都怎么样了？

这首《逢病军人》，是他们最有可能的结局。

于是我总在想，史书和诗歌，哪个才是真实的？从严谨的角度看，是前者；但从人的角度看，诗歌更能给我真实感。

这本书算是《鲜衣怒马少年时》的第二部，大多数篇目严格尊重正史，极少的篇目则通篇虚构，这么写是想跳出"翻译+注解"的条条框框，诗仍是主菜，史是配料，力求有趣。

与第一本一样，本书一部分来自我的"少年怒马"公众号，修正校对后结集；一部分是首次发表，体例混杂，长短不一，随性而写。在一个长篇新作里，我企图用四万多字说清安史之乱爆发的原因，并顺便回答杜甫和李白谁更伟大。

希望这本书，能让你对唐诗和诗人们产生新的理解。若你有那么一刻能梦回大唐，在长安或洛阳的某个小酒馆里，我已等候多时。

撕开李白的锦袍，满身都是伤痕 ——

在现实里，
他只是个路人甲，
被摁在地上狠狠摩擦，
撞在墙上头破血流。

李白隐藏得太深。

我们熟悉的李白，是那个自带神仙光芒的家伙。高力士脱靴，美人呵笔，皇帝亲手调羹，就这，还"天子呼来不上船，自称臣是酒中仙"。

凡人做梦都不敢想的荣耀，在他眼里一文不值。又飒又炫酷。

读他的诗，总觉得我辈俗不可耐。

人家是"一生好入名山游"，我顶多来两把手游；

人家是"五花马，千金裘，呼儿将出换美酒"，我只能对着每月的房贷，撸一把露天烤串；

人家"斗酒诗百篇"，我是斗胆写一篇，赚点广告费还被粉丝嫌弃。

这差别，是星辰大海到泥淖水坑的距离。

如果唐诗是喜马拉雅山，李白就站在了珠穆朗玛。他白衣飘飘，诗歌和精神不染纤尘，后人只能匍匐在他的巨大阴影里，默默仰望，流下一地哈喇子。

"天意君须会，人间要好诗。"

他的飘逸，他的才华，他的骄傲他的狂，甚至他的自负，似乎都是天生的。以至于我们无法概括他，只能从贺知章的口中，给他一个固化的称号——诗仙。

然而，这并不是完整的李白。

在他飘逸而华丽的锦袍下，撕开了看，分明伤痕累累。

02

伤痕从他出生就有了。

那是个等级社会，门第观念如铜墙铁壁，牢不可破。

小户人家出身的武则天，甚至出台禁婚令，太原王氏、荥阳郑氏、河北崔氏等这些五姓七望之间不得通婚，开始了长达两百年的贵族消亡计划。过程之漫长，以至于到了晚唐，还"民间修婚姻，不计官品而尚阀阅"——子女嫁娶，不看官位看门第。

为啥官位不是第一位？很简单，新贵不如老牌贵族，即old money（老牌贵族）对new money（新贵族）的鄙视链，由来已久。

唐文宗想求一位荥阳郑氏的女儿做太子妃，提亲之后，郑氏家族推推托托，极不情愿。原因也一样，我郑家从周朝汉朝就是望族了，你李家才做了几年贵族?

用陈寅恪《唐代政治史述论稿》中的话说就是，"贵为天子，终不能竞胜山东旧族之九品卫佐"。这里"山东"不是指现在的山东省，而是王维《九月九日忆山东兄弟》中的山东——华山之东，贵族扎堆的地方，他们王家，就是太原王氏的一个分支。

这种门第观念，我们今天看起来匪夷所思，但在当时确实如此。

平民也分等级，士农工商，士最高贵，商人是最末流。

哪怕一些当时的巨富，也得不到主流社会的认可，地位之低，子孙连参加科举的资格都没有。

不巧的是，李白就出生在商人家庭。

李家做什么产业，至今成谜，只知道李白的两个族兄弟，都在长江跑船，可能是搞运输的。

如果他真的出生在西域，父亲有可能还做点外贸生意，这也印证了为什么李白还懂外语。

二十多岁，年轻的李白出蜀了。

他不差钱，襄阳、岳阳、扬州，"不逾一年，散金三十余万"；

也不缺才，那是盛唐，是唐诗的红利期，他一出手就是"山随平野尽，江入大荒流""天门中断楚江开，碧水东流至此回"，可谓出道即巅峰；

志向呢? 更不缺，"谋帝王之术……使寰区大定，海县清一"，不知高过多少个小目标。

唯独缺的，是一个被时代接纳的身份。

他姓李，但跟陇西、赵郡李氏都无关。明明一身诗才，血液里却流淌着铜臭的基因。

一种因出身而产生的自卑，在李白心里野蛮滋生。年龄越大，碰壁越多，这种自卑就越强烈，蚀骨腐心，痛彻心扉。

可能有人会问，这说的是那个李白吗？

不要怀疑，李白只有一个。

由于一千多年的隔阂，我们确实无法想象门第观念的顽固，就像我们不能理解，仅仅一百年前的女人，为什么要裹脚。

任何人都有时代的局限性，诗仙也一样。

心理学有个理论，叫过度补偿。一个人有某种生理或心理缺陷，必须用更多的补偿，才能获得满足。

极度自卑就是一种缺陷，需要超乎常人的成就才能补偿。没才华的人，可笑可怜。而天赋异禀如李白者，会裹挟着自卑，走向另一个极端——极度自负。

一个完整的李白出现了。

他一生的痛苦和癫狂，在诗歌里的目空一切，以及在现实中的落寞可怜，都是自卑和自负交织的结果。

这样一来，李白所有不合情理的行为，都有了解释。

03

先说婚姻。

李白有两次正式婚姻，一次疑似婚姻。

两次婚姻，都是前宰相的孙女，但都不是望族，顶多算个家道中落的官三代。

这是不是太巧了？

可能有人会说，李白一个风流才子，迷倒三五个小迷妹很正常。呵呵，那是元稹。

真相很可能是个俗套故事：迎娶，甚至入赘宰相门，是李白进入宰相社交圈，改变出身的手段，他太需要去掉身上的商人家庭标签。

这就解释了，为什么女方家都是前宰相——当朝宰相看不上他啊！

当时联姻的永恒法则，是可以上交，可以平交，唯独不可下交。穷书生的和富家小姐的童话爱情，只在小说里才有。

此外，李白还伪造过履历，说自己是李广之后。

一举一动，都暴露了李诗仙的求生欲。尽管没什么用，但这是他能做到的消解自卑最好的办法。

与自卑对应的，就是他目空一切的自负。

才子大多自负，但基本上都有个度，会掂量自己的斤两。李白就完全不这样，他的自负，是让人一看就觉得不靠谱。

比如，在李璘的幕府里，他自比东晋的谢安：

三川北虏乱如麻，四海南奔似永嘉。

但用东山谢安石，为君谈笑静胡沙。

安史叛军大乱天下，民不聊生。只要起用我，谈笑间，就能把胡人一扫而光。

谢安石是谁呢？姓谢名安，字安石，大政治家，江左名流，超级贵族。"旧时王谢堂前燕，飞入寻常百姓家"里的男主。

如果谢安地下有知，估计会对李白翻个白眼：我谢谢你啊。

这就是李白的梦想。

他自己是书生，却diss（攻击）孔孟，藐视一众儒生。

他欣赏张良，希望复制张良的成功，"朝为田舍郎，暮登天子堂"，今天摆个煎饼摊，明天就能敲钟上市。

李白的自负，是脱离了实际的自负，只有在诗歌里，他才是主角，才是救世主，才能谈笑静胡沙。

在现实里，他只是个路人甲，被摁在地上狠狠摩擦，撞在墙上头破血流。一次又一次的挫败，不断反噬着他仅有的自负，四十多岁从翰林待诏被放逐是如此，年近六十流放夜郎也是。

每一次看似接近成功，最终都化作泡沫。

如果这种痛苦，能找到释放的出口也行，像王维一样找个信仰，做个"岁月静好"的美男子，也能有些许安慰。

可是李白又选错了。

04

他选了道教。

在唐朝有三大信仰，儒、释、道。

儒家源远流长，体系成熟，积极用世，按那套标准来，不会出大错，也更符合现实。杜甫是儒家信徒，一辈子都在践行儒家理想，世道艰难，但总算务实。

佛教在当时也成熟，讲究参禅开悟，超越生死，看清生命的真相后，就能获得解脱。

王维拜了佛门。按世俗意义上的成功标准，王维并没有比李白高多少，安史之乱中还被迫做了伪官，性质比李白参加李璘的叛军好不到哪儿去，按说他的后半辈子更应该诚惶诚恐，至少也会羞愧难当。

但王维并没有，是佛教给了他解脱。他放下了一切，连婚姻都不要。所以他的诗是一个"空"字，不是虚空，是走出尘世、剔除烦恼的空，"人闲桂花落，夜静春山空""空山不见人，但闻人语响""深林人不知，明月来相照"。

唯独道教，到了唐朝，估计是换了产品经理的原因，哲学卖点弱化，转而主打长生药研发。这是它最大的bug（问题）。

教徒们采仙草，炼仙丹，希望有一天能羽化成仙，长生不老。

这注定会让信徒们失望，尤其李白这种已经拿了正式学位的明星学员。他在《长歌行》里写道："富贵与神仙，蹉跎成两失。"

现实的挫败，信仰的无望，给李白更大的虚空。

杜甫落魄时，放得下名门子弟的身份，能"朝扣富儿门，暮随肥马尘"，能"卖药都市，寄食友朋"。

李白就做不到。他把自己放得太高，下不来，架在幻想的泡沫上，还以为是青云直上。

他狂笑着"仰天大笑出门去，我辈岂是蓬蒿人"，现实却啪啪打脸。

事实上，他就是蓬蒿，随风飘荡，无处落脚。从二十多岁出蜀，到六十一岁客死他乡，他没有回过家，也很少提及家人。除了孤身月夜，吟两句"举头望明月，低头思故乡"，这世上，再没有一个温暖的地方安置他的游魂。

勉强可以让他回避现实的，只有酒。

05

李白这个名字，是带着酒味的。

他想要摆脱贱民身份，华丽转身，走向帝王师座。

他自认他每个毛孔都能冒出才华，随便一开口就是王霸大略。

他理想的人生，是轰轰烈烈干一场，而后飘然入山，羽化成仙，"事了拂衣去，深藏身与名"。

他一直在做梦。

北岛有语："如今我们深夜饮酒，杯子碰到一起，都是梦破碎的声音。"

这种声音，李白早就听过一万遍了。

············

世间行乐亦如此，古来万事东流水。

别君去兮何时还？

且放白鹿青崖间，须行即骑访名山。

安能摧眉折腰事权贵，使我不得开心颜！

——《梦游天姥吟留别》

且乐生前一杯酒，何须身后千载名？

——《行路难》

求而不得，放手又不能，只能喝酒。

但他终究发现，酒精并不能消愁，连稀释也做不到，酒醒之后，愁云依旧万里凝。

抽刀断水水更流，举杯消愁愁更愁。

人生在世不称意，明朝散发弄扁舟。

——《宣州谢朓楼饯别校书叔云》

这些诗读来，有一种颓废的潇洒，这是理智与情感纠缠的结果。

流放夜郎那年，李白都快六十岁了。按我们一般人的理解，早该知天命了吧，你不是要"散发弄扁舟"吗？贵州山高林密，弄个扁舟队都没人管你。

可是，李白更痛苦了，他像一个输掉全部身家的赌徒，茫然四顾，落寞潸然。

流放途中，他给一个姓辛的判官留诗一首（《流夜郎赠辛判官》），至今读来，让人五味杂陈。李白的可悲可叹，可爱可怜，都在这首诗里：

> 昔在长安醉花柳，五侯七贵同杯酒。
>
> 气岸遥凌豪士前，风流肯落他人后？
>
> 夫子红颜我少年，章台走马著金鞭。
>
> 文章献纳麒麟殿，歌舞淹留玳瑁筵。
>
> 与君自谓长如此，宁知草动风尘起。
>
> 函谷忽惊胡马来，秦宫桃李向明开。
>
> 我愁远谪夜郎去，何日金鸡①放赦回？

不是说"安能摧眉折腰事权贵"吗？为什么又怀念跟"五侯七贵"一起喝酒了？

不是"天子呼来不上船"吗？怎么又怀念麒麟殿和玳瑁筵了？

---

① 金鸡：朝廷颁发赦令时的仪仗用品。

鲜衣怒马
少年时2

不是早看透了"古来万事东流水"吗？为什么又期盼朝廷大
赦了？

矛盾如此，绝望如此，痛苦如此。

这就是李白。

他不喜欢那些权贵，权贵们也未必稀罕他。

> 世人见我恒殊调，见余大言皆冷笑。
>
> ——《上李邕》

或许这一句，才是李白的社交真相。他有才，他不俗，他目中无
人，但在很多人眼里，他不过是个整天做白日梦吹牛皮的狂生。

杜甫冷眼旁观，在《赠李白》里说他：

> 痛饮狂歌空度日，飞扬跋扈为谁雄。

子美看得准，下笔狠，情真意切，胶漆朋友。

这些，李白又何尝不知道，他只是无法跟自己和解。

当然，对于李白，这是个悲剧，但对于唐诗，却是最宝贵的
收获。

诗坛上最耀眼的篇章，最气象纵横的汉字组合，都被李白从山川
里，从长江里，从酒杯里，像道教炼丹一样蒸腾而出。

06

唐诗一道，有人用学问写，有人用技法写，有人用慧根写。

而李白，是用一股气在写。

他血液里深藏的自卑和自负，现实中遇到的荣耀与挫败，还有那唾弃世俗而又升仙无望的虚空感，都像强烈对立的极端。一正一负，一阴一阳，天雷地火，石破天惊。

所以在李白的诗里，常有磅礴激烈的万千气象，以及上天入地、纵横古今的想象力。

李白不善七律，那是杜甫的绝活。那些平平仄仄的框框，装不下太白星的光芒。

他写古体诗，写乐府，即便写过很多五言律，也全然不顾平仄对仗，想怎么写就怎么写，无拘无束，神鬼莫测。

后人写诗，有学杜甫，有学王维，有学白居易，甚至无人能解的李商隐都有人学，唯独没人学李白，或者偷偷学了，不敢说出来。不一定是才力不及，而是气场太弱。

崔颢用《黄鹤楼》KO（完胜）李白的故事流传了千年，但我们要知道，那只是广袤的诗歌战场上的一次小型遭遇战。

崔颢确实如有神助，而李白呢，他自己就是神的化身。

这话不是我说的，是南宋严羽在《沧浪诗话》里说的："诗之极致有一，曰入神。"诗歌的最高境界有且只有一个，就是"入神"，进入这个境界，"蔑以加矣"——无以复加，到顶了，不能再好了。

估计怕杜甫的棺材板按不住，严羽又加了一句，这个境界，"唯李杜得之，他人得之盖寡矣"。

我们会看到，后世评价李白的诗，是"绝唱"，是"冠绝古今"，是"神作""神品"，是"千载独步，唯公一人"……不惜违反广告法。

但并不为过，李白担得起。

唯一的造化弄人，是他明明写的是悲剧，我们却当成喜剧来读。

作者悲痛欲绝，读者酣畅淋漓。

王维的内心是一片湖，清澈，澄净，不争不抢，不起波澜。

杜甫的内心是大江大河，月涌星垂，涤荡泥沙，时而化作春雨，润物无声。

而李白的内心，悬挂着一条瀑布，从三千尺的高度飞流直下，轰轰烈烈，水花四溅。

我等芸芸众生，只能站在一旁啧啧赞叹：好美，好壮观！

全然不在意，那撞在岩石上，碎了一地的心。

若不是走上绝路，谁愿意写这绝句

青史留名的，
是澄江如练，
是星垂月涌，
却看不见江面下的泥沙与暗流。

本文根据史料和诗料推演，
不代表史实，纯开脑洞，请谨慎阅读。

题　记

历史总是抹去关键细节，留给我们荒诞的结论。对此我们无能为力，只能以更加荒诞，来对抗荒诞。

(01)

一切从那首千古绝句说起。

公元759年，唐肃宗乾元二年，烟花三月。

李白因陷入永王李璘谋反案，流放夜郎。走到白帝城下，朝廷大赦，他掉头返回。客船顺江而下，一天即到江陵。

李白诗兴大发，写出一首七绝：

朝辞白帝彩云间，千里江陵一日还。

两岸猿声啼不住，轻舟已过万重山。

诗如此简单、上口、飘逸，就像诗仙在江风中飘扬的衣带，每次读来，如沐春风。

只是，《早发白帝城》盛名千年，我们往往忽略了它另外一个名字——《下江陵》。一个疑问在我脑中出现，刚刚差点被砍头的诗仙同志，为什么要去江陵？

要知道，彼时李白的妻儿、兄弟、族叔，所有亲人都不在江陵。我实在想不通一个年近六十岁的老人，为何对江陵如此着迷。

除非，有必须一去的理由。

我开始着手研究。随着史料与诗料增加，一个个匪夷所思的故事接连出现，当我把它们拼接在一起时，竟然指向一个惊天阴谋。

或许，我们从未读懂过这首诗。

这个隐藏在历史褶皱里的故事，现在，是时候一层层剥开了。

02

《早发白帝城》写于公元759年，是这个故事的最后一层。

要弄清它的来龙去脉，我们必须回到故事的第一层，公元756年夏天。

这一年夏天，安史之乱已爆发半年，叛军接连攻下洛阳、长安，唐玄宗到成都避难，太子李亨在灵武继位，庙号肃宗。

永王李璘率南方官兵顺长江而下，途径庐山，遇到在此隐居的李白，三次邀请，李白被其诚意打动，上船入伙。但是很快，李璘兵败被杀，李白作为从犯，开始了长达两年半的罪臣生涯。

若以此来看，这不过是一个怀有不臣之心的王爷，起用一个文人壮大智囊团的老套故事。可如果深思，便会发现这个故事迷雾重重。

一个有五年工作经验的经理人都知道，规划大方案要有充分的筹备。李璘虽然不具备帝王智慧，但绝非"脑残"，既然有独立上市的心，为什么行事如此仓促草率？

最说不过去的是唐玄宗。

在他任命李璘为四道节度使、掌管大唐南方的时候，很多人是提出过异议的，比如高适，他们的观点来自历史经验：皇子们分镇各地，很容易重演"八王之乱"的悲剧，是给皇权埋雷。可唐玄宗依旧一意孤行，给了李璘仅次于唐肃宗的权力。

对于这个迷惑行为，历史上通常的解释是，唐玄宗年老昏聩，心中只有玉环的凝脂，没有李唐的江山。

这顶帽子一扣，似乎他所有愚蠢的决策，都可以轻松解释。

可事实真这么简单吗？

唐玄宗可以懒政、可以判断失误、可以搞音乐舞蹈，但绝不会蠢。

他当年为争夺皇位，斩韦后，杀姑姑，一通操作行云流水。那种天生的帝王手段，不比李世民、武则天弱多少。

况且，遇到事关皇权、王朝存亡的重大时刻，再无能的帝王，都会警觉起来。难道唐玄宗就嗅不出一丝危机的气息？

一定不是的。这其中，也必然有一个站得住的理由。

让我们回到历史现场，像贴身太监一样站在玄宗身边，或许就能找到答案。

$$03$$

可以想象，当狼狈不堪的唐玄宗，躲在成都某个临时行宫里，面前一定不是《霓裳羽衣曲》的曲谱，而是一幅大唐疆域图。

那是一张令人恐惧的地图。

北方三大藩镇、二十万安史叛军（大唐兵力的三分之一），从北京出发一路南下，虎狼之师势如破竹。只用半年，河北及河南北部全线失守，洛阳、长安相继沦陷。正所谓"渔阳鼙鼓动地来，惊破霓裳羽衣曲"。

山河破碎，大唐飘摇。

对于一个已在位四十四年的老皇帝，他必须做最坏的打算，以及最稳妥的准备。

苍老的玄宗久久注视着地图，花白胡须稀稀疏疏，缺了往日的威严。此刻，他更像一只行将就木的头狼，在为自己的错误，寻找弥补的机会。

他颤抖的双手一次次抚平地图，目光一点点下移，混浊的双眼突然有了光。

在地图南部，他看到了长江。

这条贯穿中国南部的天险，在盛世时期，是帝国的经济大动脉，而在此刻的玄宗眼里，它更是一条"护国河"。

玄宗的目光逐渐聚焦，落在长江中部一个古老的城市上，它的名字叫荆州。

那一刻，身在成都的唐玄宗，或许会想起建都此处的刘玄德。

荆州的得失，直接事关魏、蜀、吴的兴亡，战略地位之重要无须多言。

苏洵曾做过一次事后诸葛亮，但观点很有见地，他说：

"诸葛孔明弃荆州而就西蜀，吾知其无能为也。"

失去荆州的蜀国，搞不了大事情。

这就是荆州的价值。对了，它另外一个名字，叫江陵。

以江陵为据点，西控川蜀，东连吴越。长江下游，便是千古帝王州南京。龙盘虎踞，王气升腾。

于是，一个B计划在玄宗脑中浮现。

假设大唐北部落入安史叛军之手，那么划江而治，建立一个"南唐"，就是最稳妥的方案。

事关李唐王朝的延续，唐玄宗不可能假以他人之手。纵然朝臣之中有名将、有贤相，也绝不可能担此要职。

唯一的执行人，必然是玄宗的第十六子——李璘。

这就能够解释，为什么唐玄宗对高适等大臣的苦劝无动于衷。因为这本身无关对错，李唐皇权能否延续才是关键。

当然，能嗅出这个计划的，也并非玄宗一人。在当时的局势下，身处权力中心的人，都会有敏锐的直觉。

比如，李璘的同父异母哥哥，唐肃宗。

04

众所周知，打仗就是打钱。

当时朝廷有多依赖钱呢？看两个故事。

《资治通鉴》记载，马嵬坡事件发生第三天，唐玄宗的禁卫军竟然陷入混乱："士卒潜怀去就，往往流言不逊，陈玄礼不能制，上患之。会成都贡春彩十余万匹……可共分此彩，以备资粮。"官兵骂骂咧咧，准备分行李散伙，禁军一把手陈玄礼都管不住。玄宗很害怕，将成都进贡的十余万匹绢布发下去，才平息众怒。

也就是说，如果没钱没粮，皇帝的护卫队也会罢工。

第二件事：为平息安史叛军，唐肃宗向回纥借兵。开的价码是，允许回纥士兵破城之后随意抢掠，大唐市民的金银珠宝，一车车抢走，女人一车车掳走。

这是一笔令人痛心的交易。如果不以最坏的恶意揣测，我们就可以理解唐肃宗的动机——朝廷实在太缺钱了。

死掉千万百姓算什么，抢走一车车金银算什么！皇帝宝座才是第一位。

李璘就不一样了。

公元756年夏，安史之乱爆发一年后，唐玄宗任命李璘为四道节度使，统领山南东路、岭南、黔中、江南西路，封疆数千里，首府恰恰设在江陵。

江淮岭南，鱼米之乡，地广民富，广大长江流域的租赋，全部聚集在江陵。

李璘不差钱。

与李璘同时被任命的，还有唐玄宗的第二十一子李琦，他被任命为广陵大都督，统辖江南东路、淮南、河南等路，辖地范围约等于现在的江浙沪。

值得玩味的是，玄宗给了李琦任命，却阻止他前去赴任，一直留在自己身边。也就是说，李琦名片上闪闪发光的一串名号，只是一个个空职而已。

玄宗这么做，看似没有把整个长江以南给李璘，但实际上已经默许，只待最后时刻，李璘顺利过渡，名正言顺建立"南唐"。

这种可能性，用司马光《资治通鉴》里的话说就是："宜据金陵，保有江表，如东晋故事。"

不得不说，相比哥哥唐肃宗的烂摊子，李璘拿到的是一个钱袋子。北方前线的军费，全靠江南的租赋输血。

难道我只能做哥哥的ATM机？

当李璘的大船在滚滚长江破浪前行，这个被父皇暗示过的计划，也渐渐浮出水面。

一到江陵，他就招兵买马，很快召集数万大军。然后马不停蹄，顺长江挥师东下。

至于出师之名，当然是奉玄宗之命，从扬州转大运河北上，助唐肃宗剿匪。

于是，公元756年初冬的一天，当大军行至庐山脚下，李白用一张旧船票，登上了李璘这艘破船。

一个雄心万丈，一个万丈雄心。

大唐诗坛最诡异的一幕即将上演。

05

在李璘幕府，不管李白官职几品，以他的才华，必然是宣传部第一杆笔。

他为这次出征写过很多诗，最有名的叫《永王东巡歌》。这是一个系列的组诗，共十一首。

比如第二首，李白写道：

三川北虏乱如麻，四海南奔似永嘉。

但用东山谢安石，为君谈笑静胡沙。

"三川"泛指洛阳一带。

大意是说：中原大乱，人民像晋朝的永嘉之乱一样，争相南逃。我就像东山谢安石，谈笑间，强虏灰飞烟灭。

一如既往的自信。

第五首写道：

二帝巡游俱未回，五陵松柏使人哀。

诸侯不救河南地，更喜贤王远道来。

唐玄宗、唐肃宗都还没回到长安，皇家陵寝让人哀伤。

各地诸侯都是垃圾，连河南都救不了，还是让我们永王来终结吧。

一如既往的拍马屁。

在他惊天地泣鬼神的诗集里，这些软文诗原本不值一提，也无可厚非。

然而，当我们的目光停留在其中一首时，却不得不将整个事件的性质重新考量。

那是第九首，也是四句：

祖龙浮海不成桥，汉武寻阳空射蛟。

我王楼舰轻秦汉，却似文皇欲渡辽。

这首诗无须过度解读，单从字面含义，已然暴露出李璘的真实动机。

祖龙是指秦始皇。这首诗大意是说：秦始皇想出海干大事，没成。汉武帝想在浔阳射蛟，也没成。我家永王碾压秦皇汉武，就跟当初唐太宗征辽一样，平定天下。

今人读来，似乎平淡无奇，但如果放在当时的文化和语境里，后果就很严重。

太上皇还在呢！法定的新皇帝唐肃宗还在呢！轮到你李璘当老大？还自诩为唐太宗，你咋不上天呢？

不臣之心，不臣之心啊。

关于这首诗，也有人认为并非李白所写，而是他人伪作，比如郭沫若就持这一观点。

他说，李白的其他组诗，一般都是整数"十"，《诗经》里的《大雅》《小雅》也是以"十"为一组，而《永王东巡歌》是十一首，不协调，所以"伪作，是毫无疑问的"。

我研究不精，总觉得论据过于单薄。《古诗十九首》以及《诗三首》《诗五首》……诗歌史上以单数为一组的情况并不少见。再者，以李白的风格，很难想象会为了凑整而写诗。

那么，咱不妨大胆假设、小心求证，把真伪问题一分为二。

若确是李白所写，永王谋逆、李白从犯的事实就可以定案——至少表面上如此。

若是伪作，就是有人嫁祸，欲置李璘、李白于死地，这将意味着更大的阴谋。此话不表，且说当前。

李白尚未收笔，李璘剑已出鞘。

大军行至扬州，吴郡太守李希言拦住去路，质问李璘：

告诉我，你的梦想是什么？

《资治通鉴》原话是："诘其擅引兵东下之意。"

问我的梦想，你也配？李璘不啰唆，带兵杀将过去，谋逆行为完全坐实。

一个心怀阴谋的弟弟，一个谨慎猜忌的哥哥，多么熟悉的兄弟博弈故事。

事情的结果没有悬念——李璘毕竟太嫩，短短两个月就兵败被杀。

兵败的原因也很荒诞，李璘麾下两员大将，直到此时才发现他的真实意图，不愿成为逆臣，临阵倒戈。

这也侧面印证了B计划的机密度之高。

或许，在唐玄宗和李璘最初的计划里，公开真实目的的时机还远远未到。只是未曾料到唐肃宗早就未雨绸缪，一招打草惊蛇，逼李璘提前现出原形。

李璘领了盒饭，按说后续的剧情再与他无关。他就像滚滚长江里的一朵浪花，倏忽一闪，淹没于洪流。

看到这里或许有人要问，主角不是李白吗？为什么李璘这么多戏份？

很简单，在定罪的角度上，朝廷对李璘的态度，直接关系着李白的命运。

想必此时的诗仙同志，应该会拔剑四顾，再把一壶酒灌进喉咙。

李璘暂时退场了，李白的故事才刚刚进入高潮。

06

回到本文最初的疑惑：他为什么要下江陵？要回答这个问题，以上证据还不够。

我们还必须知道，兵败之后，李白到底经历了什么。

我继续挖掘资料，直到发现一系列"意外"和"巧合"，关于李白的更多真相，也随之一一浮现。

公元757年十月，距离李璘之死已八个多月，身在安徽宿松山的李白，给宰相张镐写了一封求救信——《赠张相镐二首》。

这两首诗更像一份公函，无非一些官场客套话，平淡无奇。可是，有两个细节令人生疑。

第一个，在第一首标题下方，李白用小字写下这样一句话：

"时逃难病在宿松山作。"

请注意"逃难"二字，按詹锳在《李白诗文系年》中的说法："此诗既在太白出狱之后，则逃难云云，不知何指。"

此时李白已经出狱，是一个刑满释放之人，为什么还要逃难呢？

难道杜甫说他"世人皆欲杀"并非言过其实？

如果真有人要杀李白，那么是谁要杀他？为什么要杀？

第二个疑点，是第二首诗的开篇，李白上来就说：

"本家陇西人，先为汉边将。"

陇西指现在的甘肃省。他自称是甘肃人，先祖是汉朝的边将，李广的后人。

众所周知，李白的籍贯是个谜，有四川江油说、山东说、碎叶城（今吉尔吉斯斯坦）说，但这些说法，全都在他下狱之前。

在什么情况下，一个六十岁的老人，会给自己安排一个新籍贯？

他在隐瞒什么？或者说，在纠正什么？一切都非常可疑。

然而，更可疑的是他的经历。

从公元756年冬入伙李璘，到公元759年春"千里江陵一日还"，如果把李白这两年半中的经历逐一罗列，看看会发现什么：

入伙—下狱—出狱—遭追杀—流放—赦免。

首先，那可是谋逆罪，可能"出狱"和"大赦"吗？要知道，再仁慈的帝王，对谋逆罪都是零容忍。

翻开《资治通鉴》，唐朝的帝王们动不动就搞大赦天下，其实能赦的都是一般罪犯，涉及谋逆篡权，不株连家族已经算是仁慈。

明英宗曾给功臣发过丹书铁券，俗称"免死金牌"，上面有这样一句："除谋逆不宥外，其余若犯死罪，免尔本身一次。"宥（yòu）

是饶恕。杀人放火都会你给续一条命，但如果谋逆，绝不饶恕。

苏轼愤青多少年都没事儿，最危机的时刻是哪次呢？

是口嗨了一句"根到九泉无曲处，世间惟有蛰龙知"。政敌给他扣的帽子，就是不臣之心。世间只有一条龙，姓赵，蛰龙是啥？你家养的吗？

如果不是宋神宗，如果不是不杀士大夫的祖训，苏轼可能就真到九泉了。

谋逆罪，哪会轻易赦免！

再说了，弟弟李璘都必须死，凭什么李白活着？

其中的原因，正好暗合了第二个疑点。

细思李白这两年半的遭遇，明显有两股力量博弈的痕迹。一方"欲杀"，一方"怜才"；一方继续追杀，一方奋力保护，最终挺李派获胜。

中间到底发生了什么？

当我重新梳理各方关系时，忽然想起另外一个著名故事：十几年前，李白就已做过翰林待诏，玄宗"降辇步迎……以七宝床赐食，御手调羹以饭之"。

没错，在唐肃宗、李璘、李白的关系网中心的，恰恰是唐玄宗。

让我们大胆推演一下吧：手心手背都是肉，哥哥弟弟都姓李。

当那个理智到残酷的B计划在唐玄宗内心闪现时，他一定会想方设法兼顾两个儿子。

对于哥哥唐肃宗，这个刚刚建立的小朝廷（在灵武继位时，满朝文武不足三十人），玄宗从成都派去了房琯、韦见素、高适等人，成立新政府的领导班子。

不过，后面的事十分诡异，这些玄宗系权臣煊赫一时，随后被一一罢免，无一例外。

而对于李璘，他能给的实在有限。身边的老臣重臣，总不能派到一个王爷身边吧，那岂不是此地无银三百两？

于是，他想起了李白。

这个大唐第一才子忠心耿耿，热血未凉，还曾与他关系密切。虽然治国能力不行，但作为动乱时期的笔杆子，无疑是不二人选。

李璘与李白两个八竿子打不着的人，为什么会走到一起？李白为什么敢写那些送命诗？至此有了答案。

李白所谓的"王命三征"，也只是个面试流程，在此之前，玄宗一定给过他授意。甚至还给他吃过定心丸——如果事败，我自会保你。

"帝王师"的心在颤抖，"御手调羹"的泪在流，单纯的太白兄认真了。

只是他和玄宗都未曾料到，唐肃宗的行动会如此之快。

至此，我们可以得出一个结论：

李白之所以"谋逆而不杀"，就是玄宗与肃宗博弈的结果。

这个问题解决了，但下一个问题随之而来。

唐肃宗虽然算不上一代雄主，但也算励精图治，在皇帝合格线之上，也并不是一个出尔反尔的人。再说君无戏言，在天下大乱、朝政不稳的关键时期，唐肃宗不会无所顾忌。

　　如此一来，他为什么对李白先公开释放，后又秘密追杀呢？

　　这中间，也应该有不为人知的理由。

　　抱着这个疑问，我继续翻阅史料，直到发现另外一些巧合。

⑦

　　就在李白给张镐写求救信前不久，唐玄宗已经返回长安。

　　唐肃宗以天下第一孝子的形象，把老爹安排在兴庆宫，吃穿用度，照顾至微。

　　然而，这更多是做给世人看的。肃宗的孝道，何尝不是权术之道？

　　以前，兴庆宫是玄宗的欢乐场，此刻，更像是这位老皇帝的冷宫。陪在他身边的，只有陈玄礼、高力士，以及曾引荐过王维、李白的玉真公主，再无其他重臣。

　　即便这样，唐肃宗似乎还不放心。很快陈玄礼被退休，高力士以勾结逆党罪流放南荒，玉真公主遁世出家。

　　《太平广记》说："此皆辅国之矫诏也。"——这一切都是唐肃宗的心腹太监李辅国假传圣旨。

　　呵呵。一个没有兵权的金吾卫、一个大势已去的高力士，值得动吗？没有肃宗授意，李辅国敢擅自做主？他们可都是太上皇的人。

　　关键是动了还没事，多么神奇。

是李辅国太傻，还是唐肃宗太精？

据记载，身陷禁地的唐玄宗，总是拖着垂垂老矣的身躯，吟诵一首诗：

> 刻木牵丝作老翁，鸡皮鹤发与真同。
>
> 须臾弄罢寂无事，还似人生一梦中。

没错，诗名叫《傀儡吟》。此时的唐玄宗，不过是被唐肃宗"刻木牵丝"的老翁，一个用来打造孝子人设的傀儡。几个月后，玄宗无声死去，真是人生如梦。

《明皇杂录》甚至说这首诗乃李白所作，如果属实，就更加印证了李白与玄宗的亲密程度。

故事讲到这里，我们可以得出一个粗略结论：

李白谋逆罪表面成立（从唐肃宗角度看确实如此），依法打入死牢。但碍于父皇的旧臣势力和舆论因素，加之需要一场宽厚仁孝的表演，唐肃宗又将他无罪释放。

玄宗死后，唐肃宗再也无所顾忌，又决定杀掉李白，考虑到君无戏言，于是决定暗杀。

之所以说是粗略的结论，是因为它只是一种可能性，杀李白的动机还不够强烈。

我们知道，大唐虽不像宋朝那样，祖宗家法明文规定不杀士大夫，但对于"污点文人"，还是有一定包容度的。比如，白居易、韩愈抨击朝廷，丝毫不顾皇家颜面，也并没有被杀头，反而最后都仕途通达。

为什么就容不下误入歧途的李白？

除非，还有其他理由。

$$08$$

李白果然是个有故事的男人。

政治线索的挖掘陷入困境，我决定换个思路，将目光转向诗仙的私生活。

峰回路转，一个更合理的解释随即出现。

要揭开这个谜底，我们必须先从两个人说起。

巧了，还是两个李家人。一个是李林甫，一个是李泌。

李林甫拜相之后，深得玄宗信任，把持朝政，大权独揽。在历史上，这样的权相弄臣，通常都会干涉立储。毕竟，这直接关系着他们的政治生涯，能否在下一朝延续。

李林甫也不例外。当初玄宗立太子，倾向于李亨，而李林甫与李亨向来不和，数次上书，建议立寿王李瑁为太子。

一番激烈的储君之争，以李亨最终获胜画上句号，就是前文说的唐肃宗。

直到多年后的安史之乱（李林甫有很大责任），当时李林甫早已去世，但唐肃宗对他的彻骨之恨却丝毫未减。

收复长安后，他准备对李林甫掘坟鞭尸，挫骨扬灰。这个意气之举，被李泌及时劝阻了。

李泌说如今玄宗尚在，局势动荡，朝政未稳，李林甫是太上皇的宠臣，你刚上位就对他鞭尸，这不是打你老爹的脸吗？

言下之意，你的孝子人设还要吗？

一语点醒愤怒人，唐肃宗当即采纳李泌的建议，强压心头恨意。稍可解恨的是，李林甫的几个儿子和女婿，早已全部罢官流放，以罪臣之名度过余生。

以上故事很多人都知道，但鲜为人知的是，李林甫还有个女儿，因出家为道躲过一劫。

其真名已无从考证，历史只记录了她的法名，叫李腾空。

李腾空隐居庐山，修仙悟道，经常有道友慕名来访。

公元758年春天，也就是李白逃难的日子里，一个女人登上庐山，来到李腾空身边。这个女人姓宗，正是李白的妻子。

在出发前，李白留诗两首《送内寻庐山女道士李腾空》，其一写道：

> 君寻腾空子，应到碧山家。
> 水春云母碓，风扫石楠花。
> 若爱幽居好，相邀弄紫霞。

············

诗写得很隐晦，并无实质信息，但仍然可以看出，李白之前就知道李腾空的踪迹，此次妻子前去，正是他促使的。

关于李夫人与李腾空这次会面，历史上没有只言片语。是玄宗的牵线？其他朝臣的撮合？还是单纯的道友交往？

这永远是个谜了。

但这不重要，重要的是，唐肃宗会怎么看。

我们有理由相信，作为一个有前科的罪臣，李白的一切行动，肃宗都了如指掌。

这个原本他就"欲杀"的大笔杆子，一再挑战他的底线，现在居然又跟李林甫之女有瓜葛！

时局动荡，政治敏感（此时玄宗尚未去世），容不得一丝大意。威胁到皇权，哪怕是对父子兄弟也绝不手软，何况一介书生。

李白必须死。

若不是玄宗和其他朝臣出手相救，说不定，我们的诗仙同志，也会像王昌龄一样，在不明不白中悄然死去。

幸好，太白星的光芒，还能再照耀诗坛好几年。

写到这里，李白为什么被释放后又遭追杀？我们终于有了一个合理解释。

现在，让我们来剥最后一层洋葱，劫后余生的李白为什么要下江陵？

鲜衣怒马
少年时2

09

还记得李白前面那两首求救诗吗？

没错。收信人是那个叫张镐的宰相。

这个人我们可能不太熟悉，没关系，只要记住他的两个身份就行了。

第一个身份：他是唐玄宗落难时最信任的朝臣之一。

马嵬坡前，曾经的九五至尊，连一个心爱的女人都保护不了，帝国命运更是前途未卜，玄宗心情沮丧到极点。

向成都逃窜的队伍也零零散散，在泥泞中如丧家之犬。即便这样，依然有一些朝臣誓死追随，令玄宗感动万分。

这其中，就有张镐。

第二个身份：他是诗人保护神。

在肃宗的新朝廷里，张镐曾救过一个小谏官，使他免受牢狱之灾，这个幸运儿叫杜甫。

后来，张镐担任河南节度使，率四路大军去解睢阳之围。在他麾下，有个淮南节度使，名叫高适。

战斗中，一个叫闾丘晓的刺史贪生怕死，拒不出兵，还杀了王昌龄。张镐怒发冲冠，将闾丘晓就地正法，为王昌龄报了仇。

有这两层身份，对李白来说，张镐就是"自己人"。这也就解释了，亡命天涯的李白，为什么向张镐透露被追杀的消息，并向他求救。

是信任，无条件的信任。

然而，老皇帝的信任，往往意味着新皇帝的怀疑。

当两京收复，河南、河东重回李唐手中，飞鸟尽，良弓藏，唐肃宗宁愿相信一个宦官，也不愿相信这个战功赫赫的老臣。一道圣旨，把张镐贬到江陵。

没错，是江陵。

"朝辞白帝彩云间，千里江陵一日还。"

重获新生的李白，几杯酒下肚，再次点燃建功立业的热血。

他要下江陵，找张镐谋求机会，然后登岸北上，"愿将腰下剑，直为斩楼兰"。

（10）

唐肃宗驾崩后，儿子唐代宗即位，即刻给李璘平反。

一个皇帝，在什么情况下会给"谋逆"的叔叔平反？

唯一的解释，就是这位叔叔并不是真谋反。唐代宗知道，甚至大家都心照不宣，所谓谋逆，不过是老皇帝唐玄宗的两手准备而已。

都是李家血脉，一方胜出了，没必要让另一方万劫不复。

一个特殊时期的皇权计划，一场迫不得已而策划的阴谋，恩仇宿怨就此消失，湮没于历史的尘埃中。

李白没能做帝王师，没能做游侠儿，却玩了一把无间道。他终究也未能实现"寰宇大定，海县清一"的梦想，几年后在酒醉中去世。

大江东去，浪奔浪流。青史留名的，是澄江如练，是星垂月涌，却看不见江面下的泥沙与暗流。在《资治通鉴》上，司马光没给李白留下半个字。

但谁能说他们不曾存在过呢？

如是这般，我们也不必为李白惋惜，说不定这就是他苦苦追寻的"深藏身与名"呢。

白帝城乃西汉末年公孙述建造，他自称白帝，所以此城叫白帝城，但他的王朝并未千秋万代，短短十几年就消散于长江一隅。

刘皇叔野心勃勃，一心要光复大汉，最后落个白帝城托孤。辜负了老臣心，流尽了英雄泪。

帝王将相今何在？是非成败转头空。

只有绝路上诞生的这首绝句，依旧千年传唱，如同白帝城下的滚滚长江。

那个二十年没见的朋友，忽然上门了

一天比一天潦倒的杜甫，
一定会在某个春天的雨夜，
想起这顿春韭黄粱饭。

华山脚下，春雨斜织，道路泥泞。

杜甫一身旧青袍，右手拄着一根树枝，弓着腰，正在爬一个斜坡。

坡很长，一直伸向远方，尽头只有昏暗的天色。

杜甫推一推斗笠，向天空瞄了一眼，比刚才更暗了。这里人烟稀少，他心里有些打鼓。

他记忆中的开元盛世，是"九州道路无豺虎，远行不劳吉日出"，人们生活富足，出门不用担心拦路抢劫。

当下就难说了。

安禄山的叛军已经逼近洛阳城，天下大乱，安享近一百四十年太平的大唐子民，哪见过这世道，无不仓皇逃难，饿殍遍野。想到这里，杜甫花白的胡子微微抖动。

越是乱世，友情越是珍贵。

他决心继续往前走，因为一个老朋友，就住在这条小路的尽头。

二十年前他曾来过一次，今天走在这路上，两边景色并无太大变化，这种熟悉的感觉，让他心里有了一丝暖意。

杜甫唯一担心的是这位老朋友，他会不会搬了家？过得是不是像他一样落魄？甚至，还在不在世……

他必须去看看。

关于这位老朋友，历史上没有任何记载，我们只能从杜甫的诗里，得知他姓卫，在家族中排行老八。

卫八年轻时也曾三更灯火五更鸡，立志干一番大事。奈何世道沉沦，就做了一名处士，隐居山林，读书耕田。

此时的杜甫不会料到，千百年后，在他"光焰万丈长"的一千四百多首诗的诗集里，今天为朋友写的这首质朴的小诗，格外感人。

卫八处士也不会料到，他本该寂寂无闻的一生，将因为杜甫的到来而传唱千年。

让我们记住这次会面的时间，安史之乱爆发四年后的公元759年，一个春日的黄昏。

这首诗，就叫《赠卫八处士》。

02

　　现代社会，即便通信发达到朋友圈的人多到想删人，想退群，交通一日可达万里，我们仍然有一二朋友，想见却一直没机会。

　　可想而知，在古代，尤其是战乱时期，亲友的一次分别，可能就是永别。

　　为什么送别诗一大堆呢？因为在一起的日子太珍贵了。就像杜甫说的："烽火连三月，家书抵万金。"

　　可是今天，我们的老杜，竟然在黄昏时刻见到了老朋友，于是他上来就是一阵感叹：

　　　　人生不相见，动如参与商。
　　　　今夕复何夕，共此灯烛光。

　　参（shēn）指参星，即现在的猎户座，方位在西；商是商星，现在叫天蝎座，方位在东。两个星座一个升起另一个落下，一个在白天，一个在黑夜，永世不能相见。

　　杜甫是说，人生就像参商二星，见一面太难了。今天到底是个什么日子啊！咱俩竟然见着了。

　　就像是浩瀚而冰冷的夜空，两颗遥远而孤独的星，突然化身流星，冲向地球，掠过华山之巅，在这间茅舍里相遇。

一切平息下来，化作摇曳的烛光。

世界温暖了。

然后，诗圣跟我们普通人一样，见到多年未谋面的老朋友，先惊讶于对方的外貌变化，也一定会提起共同的老友。

杜甫继续写道：

> 少壮能几时？鬓发各已苍。
>
> 访旧半为鬼，惊呼热中肠。
>
> 焉知二十载，重上君子堂。
>
> 昔别君未婚，儿女忽成行。

杜甫是非常重情义的人，见卫八之前，他已经拜访过一些老朋友，可惜一半都已去世，他很悲伤，心如火焚。

庆幸的是卫八还健在，所以老杜既兴奋又感慨，谁能想到，二十年后我居然又到了你家。

二十年会改变什么呢？

当年的单身狗小卫，已经变成老卫，孩子好几个。二十年前，杜甫二十八岁，"会当凌绝顶，一览众山小"，热血还在年轻的身体里翻腾。

可以想象，当时的开元盛世，两个年轻人是何等雄心，何等快意，他们坚信自己是后浪，也立过乘风破浪的flag（旗帜，目标）。

焉知二十年后，却被拍在沙滩上，匍匐，无声，最后化作泡沫。

当然这是后话。此时，年近半百的杜甫是愉悦的，卫八一家也很高兴，对这个到访的故人格外热情：

> 怡然敬父执，问我来何方。
> 问答未及已，驱儿罗酒浆。

父执指父亲的好友。卫八的孩子们，很尊敬这个落魄的叔叔，问杜甫的近况。话音未落，卫八又招呼儿子们赶紧拿酒去。

请注意，杜甫的语言非常精练。孩子们问他来自何方，杜甫一定是说了，但他没有写进诗里，直接跨过去了，"问答未及已，驱儿罗酒浆"。

二十年啊，杜甫经历了多少事情，但他只字不提。

这是友情的诗，君子之交的诗，专门为卫八这位老朋友写的诗。这个相遇的雨夜，杜甫一如既往，心里没有自己，只有朋友。

同样的场景，我们可以拿白居易做个对比。

白居易一生仰慕杜甫，拼命学杜甫，继承老杜衣钵，开创大名鼎鼎的"新乐府"，但杜诗的精练他没学到家。

比如刚刚说的这四句，是个对话场景，白居易在《琵琶行》里也遇到过：

《琵琶行》前面一大段，写琵琶女的音乐多么动人，遭遇多么不幸，以"同是天涯沦落人，相逢何必曾相识"收尾。

如果后半部分，从"今夜闻君琵琶语，如听仙乐耳暂明"开始直接跟上，全诗会干净利索，紧凑精练。

可老白偏不。他非要在中间给自己加一段戏："我从去年辞帝京，谪居卧病浔阳城……"吧啦吧啦，絮絮叨叨。

感兴趣的可以去看，这段很多余，至少是可以压缩的。

老杜就不这么写，他是锤炼文字的大宗师，从不多写一个字。也可以说，在这首诗里，他自己的经历不重要，跟老朋友相聚才重要。

他接着写道：

> 夜雨剪春韭，新炊间^①黄粱。
> 主称会面难，一举累十觞。

屋内准备酒，屋外准备吃的。这时天已经黑了，雨还在下，卫八家人剪了韭菜，蒸了黄粱饭——这是掺杂了黄米的杂粮饭。

饭菜如此简单，可见卫八家很清贫。然而，这或许是他们能拿得出的最好的食物。

他们一边喝酒一边聊天，聊这二十年里的经历，杜甫的齐鲁之旅，科举落榜，与李白、高适的友谊，在长安做"京漂"时的"残杯与冷炙，到处潜悲辛"，自己小儿子的饿死……

当然，还可能会聊到杨贵妃兄妹们的熊掌鹿唇、骆驼肉和水晶

---

① 间（jiàn）：掺杂。

盘，只是吃这些的权贵们，都随着马嵬驿之变一起埋入黄土了。

这些不忍卒读的人生际遇和世道浇漓，令卫八感慨万分。他不知该怎样安慰这个远道而来的落魄故人，只能一杯接一杯劝酒，连碰十杯。

可是他们都很清醒：

> 十觞亦不醉，感子故意长。
> 明日隔山岳，世事两茫茫。

"故意"指故交的情意。杜甫情深意长，几乎每首写朋友的诗，都不忘表达情感，永远记得对方的好，哪怕这个好只是一餐黄粱几杯浊酒。

快乐是短暂的。诗的结尾，杜甫回过神，明天分别后又要远隔山岳，世事难料，不知道我们这辈子还能不能再见一面。

(03)

杜甫的情感世界，博爱、深情这些词都不能尽道，甚至梁启超说的"情圣"，我觉得都无法描述。我一直想找一个合适的词来形容，但一直没有找到。

只能打个比方吧，或许不太恰当：

杜甫对世界、对亲朋、对陌生人的情感，就像贾宝玉对女孩们的呵护、怜悯和包容。那种情感力是常人无法理解的，所以大家说他们呆傻、迂腐。

这样的情感力，能捕捉到很细微的人生世事的变化，像通灵一般，如有预感。

你看杜甫安史之乱前的很多诗，"朱门酒肉臭，路有冻死骨"，完全是大厦将倾的前奏。敏感而多情，下笔如有神助。

"明日隔山岳，世事两茫茫"也是同样的谶语和预言。

这顿饭后，二人分开。当年冬天，杜甫为避难去往成都，一直到十年后客死他乡，他与卫八终究未能再见上一面。

发现没有，杜甫是"晚节渐于诗律细"，四十八岁时，诗艺早已炉火纯青。但在这首诗里，没有技法，没有煽情，不炫文采，也没有大事件，通篇文字就像那顿韭菜黄粱饭一样简朴。

当然，少年人无感是正常的，读杜甫的诗，需要年龄打底。

明朝一个叫钟惺的大咖，评论这首诗，是"如道家常，欲歌欲哭"，又说"朴素而天下莫能与之争美"。

这就是杜甫。无招胜有招，情感到了，一碗白开水也能把你喝哭。

千载之下，不知道杜甫和卫八后来会怎么想起对方，卫八的孩子们老了以后，会怎么给下一代讲述这次会面。

但我一直觉得，远在成都的杜甫，一天比一天潦倒的杜甫，一定
会在某个春天的雨夜，想起这顿春韭黄粱饭。

他可能还给卫八写过信，诉说自己在巴蜀的境遇，并相约战乱结
束后回到洛阳，再次"重上君子堂"。

如果真有这封信，我觉得李商隐已经替他写了，那就是《夜雨
寄北》：

君问归期未有期，巴山夜雨涨秋池。

何当共剪西窗烛，却话巴山夜雨时。

师兄，还记得师父的教诲吗？

江湖险恶，
有才华的人注定命运坎坷。
没有我的日子里，
你若经过汨罗江，
只能跟屈原聊天了。

01

公元698年，这一年的大唐，武则天刚刚当上一把手，政坛险恶，云谲波诡。

在洛阳，一场离别宴会正在举行。陈子昂灌下一杯酒，语调悲壮："哥，你我都是不羁之才，世无知音啊！"

原文是："秉不羁之操，物莫同尘；含绝唱之音，人皆寡和。"

对面一个老者面色悲壮，也一饮而尽，然后"挟琴起舞，抗首高歌"："哀皓首而未遇，恐青春之蹉跎。"老了，老了，那帮孙子不懂我们啊！

一曲唱罢，老者又斟满一杯："来，喝酒！喝酒！"

陈子昂也举起杯："干，干。"

酒还没咽下去，官差们已经大声催呵："老杜！再喝就赶不上二路汽车了。"

⋯⋯⋯⋯⋯⋯

这个即将离开洛阳的老者，叫杜审言，他刚被贬谪到江西吉州。

好友陈子昂为他送行的文章，叫《送吉州杜司户审言序》。

在唐朝无数个送别的场景里，这原本是个微不足道的时刻。

人们都未曾想到，多年以后，这场送别会，将是唐朝诗坛的圣火交接仪式。

只是接棒的人，当时还未出生。

02

杜审言遭贬谪后，陈子昂的厄运也来了。

没过两年，他因得罪武则天的侄子武攸宜，辞官归田，回到四川射洪县老家。但武氏一族并未放过他，在武攸宜、武三思的授意下，一个叫段简的射洪县令，以莫须有的罪名将他逮捕，陈子昂死在狱中，时年四十一岁。

他最著名的一首诗，是《登幽州台歌》，有必要再读一遍：

> 前不见古人，后不见来者。
> 念天地之悠悠，独怆然而涕下。

这是大唐最强音，也是一颗孤独的灵魂在呐喊。

一遍不够，他一直喊。

鲜衣怒马
少年时2

在塞北的荒原上喊："雨雪容颜改，纵横才位孤。"

在荆门的水边喊："今日狂歌客，谁知入楚来。"

喝醉了喊："孤愤遐吟，谁知我心？"

卧病在床还是喊："纵横策已弃，寂寞道为家。"

这些诗句，都是幽州台上的余音，用一句话概括就是：这世界上，没有一个人懂我啊！

真没有人懂他吗？

不是的。

就在陈子昂去世那年，一个男孩刚过完周岁生日，几年后他跟随父亲回到江油县，这里与陈子昂的射洪老家很近，一条涪江相连。

这个四川小老乡，名叫李白。

又几年后，杜审言也已去世。公元712年，老杜家添了一个健康的小孙子，名叫杜甫。

03

涪江奔流，物换星移。

杜审言、陈子昂的时代正在远去，李白、杜甫的时代已经到来。

这一年是天宝三载，公元744年。在东都洛阳，三十二岁的杜甫与四十三岁的李白相遇了。

彼时的杜甫雄心万丈，一心想写好诗，干大事。而李白，刚被唐玄宗赐金放还，知道大事不好干。

不过没关系，在杜甫眼里，李白是爬上过巅峰的人。这是一场粉丝和偶像的见面。

某个不打烊的酒馆里，杜甫开启了崇拜模式："哥，写诗有什么绝招吗？"

三杯两盏下肚，李白一扫落寞之气，恢复诗仙本色，对着眼前这个小迷弟大手一挥，"诗嘛，随便写写。"

"写不出来咋办？"

"喝酒。"

"我不喝了。"

"我是说，写不出来就喝酒。"

杜甫望向窗外，手指人潮滚滚的大街。"哥，看到街上的酒店没，我每一家都欠着酒债。这顿，也记我账上。"

"滋溜"一声，李白又一杯下肚，从袖子里掏出一本书。"喏，这个给你，多读读。"

杜甫双手捧过，只见封面上两行大字：复古即创新——诗歌创作一本通。作者是一个熟悉的名字——陈子昂。

杜甫酒醒了大半，一头扎进书里。

门外车水马龙，李白一杯接一杯，杜甫却好像瞬间踏入诗歌讲堂，那个与爷爷论诗喝酒的陈子昂，似乎正对着他授课。

唐诗的终极奥秘，都记在这里。

他先是看到两个遒劲大字：复古。陈子昂开宗明义："汉魏风骨，晋宋莫传……齐梁间诗，彩丽竞繁，而兴寄都绝……"

翻译过来就是：汉魏的诗文才是爷们儿写的，南北朝都是绣花枕头。我们要讲真话，要返璞归真，要复古。

具体怎么做呢？

仔细看看，前面还有八个大字："光英朗练，有金石声。"

杜甫心头一震，这不就是太白兄的雄奇飘逸嘛！硬气，明朗，刚得很。

仔细看，前面还有八个字："骨气端翔，音情顿挫。"

杜甫只感到一股真气在体内聚集，整个世界明朗了。多年以后，不管后人如何评价杜诗，总离不开四个字："沉郁顿挫。"

当然，此时的杜甫还想不到后世，他还沉浸在极度兴奋当中，"太白兄……哦不，师兄，我知道怎么写诗了。你有你的浪漫主义，我杜甫，要走我的现实主义。"

李白打了个响指，潇洒起身。出发！

04

盛唐最有才华的两个男人，就这样结识了。

由李师兄带领，他们游开封，玩泗水，来到好客山东，一起纵马打猎，一起喝酒撸串。

他们"醉眠秋共被，携手日同行"。

他们"醉舞梁园夜，行歌泗水春"。

他们"放荡齐赵间，裘马颇清狂"。

这段激情燃烧的岁月，是杜甫一生最快意的时光。此后无数个漂泊的夜里，杜甫总是一遍又一遍，追忆与李白有关的日子。

可是渐渐地，杜甫觉得哪里不对。

李白从少年时期就是资深道教徒，离开朝廷后，对道教更加痴迷，什么"青春卧空林，白日犹不起"，什么"安得不死药，高飞向蓬瀛"，什么"提携访神仙，从此炼金药"啥的，整天五迷三道。

甚至，有时候还说出梦游一样的话，比如他自称"十岁与天通""青天骑白龙"等等。

除了拜访道友、偶遇神仙，就是喝大酒、吹大牛，搞得杜甫实在看不下去了。

师兄啊，不是说好要"致君尧舜上"的吗？不是说好一起干大事的吗？为啥你整天喝酒、服药？

还记得师父的教诲吗？！

这些质问，都写在《赠李白》的这首诗里：

秋来相顾尚飘蓬，未就丹砂愧葛洪。

痛饮狂歌空度日，飞扬跋扈为谁雄？

葛洪是东晋的一位道教前辈，也是一位著名药剂师。

杜甫是说：秋天见到你还在到处浪，也没见你炼丹呀，还号称修道，对得起葛洪吗？你整天烂醉度日，谁劝也不听，看把你能的！

这样的话，只有好朋友之间才会说。

只是，当时的李白听不进去。

这不怪李白。

人生最痛苦的不是没有梦想，而是当你苦苦追求的梦想出现在你面前，却发现那不是你想要的。

这种体会，李白经历过，杜甫还没有。

他一次次掏心掏肺，李白一次次"飞扬跋扈"：师弟啊，你没经历过，你不懂，以后你……

这段痛并快乐着的生活，很快结束。

公元745年秋天，李白将要南下江东，"五岳寻仙不辞远"，杜甫则要西去长安，寻找他"再使风俗淳"的梦想。

他们在山东兖州分手，这个本来并不出名的小城，也因这场告别而载入诗史。

看着眼前这个小师弟，李白端起酒杯，赋诗一首：

> 醉别复几日，登临遍池台。
>
> 何时石门路，重有金樽开。

秋波落泗水，海色明徂徕^①。

飞蓬各自远，且尽手中杯。

　　兄弟啊，这样登台喝酒的日子没几天了。下次石门山重逢一起喝酒，不知道要到什么时候。泗水秋波很美，徂徕山海一色。可你我都像蓬草一样，鬼知道会飘向哪里。

　　来吧，感情深，一口闷。

　　在这首《鲁郡东石门送杜二甫》里，李师兄只是喝酒，只是惜别，对于初出茅庐的杜甫，似乎并没有太多话想说。

　　这是诗歌史上最耀眼的时刻。用闻一多的话说，李杜相遇，是"青天里太阳和月亮走碰了头"。

　　这也是诗歌史上最遗憾的时刻，因为他们碰头之后，两位唐诗大神，终其一生再未重逢。

　　李白当时的内心戏，我们只能猜测——兄弟，我为什么痛饮狂歌？以后你就懂了。

　　李白想得没错。

　　分手后的杜甫来到长安，在这个当时世界上最伟大的都城里，他将会越来越懂李白。

---

①　徂徕（cú lái）：山名，在山东泰安东南。

05

公元746年，大约在冬季，三十四岁的杜甫穿过长安高大的城门。

他信心满满，老子已经掌握了所有诗歌奥秘，长安，一定有我的一席之地。

他说对了，长安给他的，真的只有一席之地，多一张都放不下。

来长安第二年，唐玄宗搞了一场公务员大招聘，要选拔优秀诗文人才。

这是一条绿色通道，出发点是好的。可惜，这项工作的负责人是李林甫，考试结果，所有考生无一通过。

杜甫落榜了。

电影《这个杀手不太冷》里有几句台词，小萝莉问莱昂，人生总是那么痛苦，还是只有小时候是这样？莱昂说，总是这样。

杜甫如果听到这句台词，应该会双手点赞。

为了生计，杜甫到处写信求助、求推荐，没人搭理他。只能到豪门贵族的府上，陪酒陪笑陪写诗，用尊严换口饭吃。

他还开展了一个副业，叫"卖药都市，寄食友朋"，上山去采药，安利给认识的朋友。

最穷的时候，他甚至卖掉被子，就为了换口米吃。老婆孩子在长安也生活不下去，不得不送到陕西乡下。

个中辛酸，一如杜甫所写：

> 朝扣富儿门，暮随肥马尘。
>
> 残杯与冷炙，到处潜悲辛。
>
> ——《奉赠韦左丞丈二十二韵》

而朝廷和豪门阶层呢？越来越腐败。常年征战，高税赋，使得苍生水深火热。

杜甫的积愤越来越多，一首首为苍生说话的诗，化作最有力的一句："朱门酒肉臭，路有冻死骨。"

绝望的气息也越来越浓重，他喊出了"天地终无情"。

不知哪一个瞬间，杜甫突然发现，他"致君尧舜上"的理想，似乎终将破灭，他开始怀疑人生："纨绔不饿死，儒冠多误身。"

读这么多书有毛用啊！他终于理解太白兄了。

杜甫的长安十年，就是思念李白的十年，在一次又一次绝望后，杜甫越来越读懂了李白。

冬天，他思念李白：

> 寂寞书斋里，终朝独尔思。
>
> ——《冬日有怀李白》

在书斋一整天，想你一整天。

春天，他思念李白：

白也诗无敌，飘然思不群。

清新庾开府，俊逸鲍参军。

——《春日忆李白》

太白兄啊，你的诗像庾信一样清新，像鲍照一样俊逸。

想到自己"儒冠多误身"，更羡慕李白的洒脱：

李白一斗诗百篇，长安市上酒家眠，

天子呼来不上船，自称臣是酒中仙。

——《饮中八仙歌》

此时的李白呢？很遗憾，杳无音信。

是没有收到杜甫的信，还是写了诗却未能保存下来？这将永远是

个谜了。

06

十年弹指间，安史之乱爆发，大唐国运直转急下，战火纷飞。

李白因"王命三征"，上了永王李璘的贼船，被朝廷清算，流放

夜郎。

杜甫也东奔西跑，四处避难。知交零落，亲友星散。

又是一个秋天，远在秦州（甘肃天水）的杜甫，听到李白流放的消息，悲痛不已。

他脑补了李白流放途中的种种艰难，思念更加深切：

> 凉风起天末，君子意如何。
>
> 鸿雁几时到，江湖秋水多。
>
> 文章憎命达，魑魅喜人过。
>
> 应共冤魂语，投诗赠汨罗。

天末，是天边的意思。这首《天末怀李白》是说：咱俩远隔天涯，还收不到你的信。江湖险恶，有才华的人注定命运坎坷。没有我的日子里，你若经过汨罗江，只能跟屈原聊天了。

更多时候，他担心李白死在路上，总是梦到李白：

> 故人入我梦，明我长相忆。
>
> ⋯⋯⋯⋯⋯
>
> 君今在罗网，何以有羽翼？

太白兄，你懂我的心吗？

> 三夜频梦君，情亲见君意。
>
> 告归常局促，苦道来不易。

那年分手，你苦苦告诫我世道艰难，我现在懂了。

冠盖满京华，斯人独憔悴。

…………

千秋万岁名，寂寞身后事。

你才华盖世，可惜没人懂你。你若死了，必然名垂千古，只是你已经不知道了！

只有走一遍李白走过的路，才能抵达他的内心。

杜甫做到了。

在他经历"三吏三别"之后，在他小儿子饿死之后，在他对朝廷绝望之后。

…………

时间来到公元761年。

这一年的杜甫，已经来到成都。在浣花溪畔，他有了一套纯手工打造的生态茅屋。虽然经常漏雨，还动不动被熊孩子偷走茅草，但总算安顿了下来。

李白就比较惨。

因为有政治污点，他处处被排挤，受尽冷眼。最要命的是，朝廷里关于李白该不该杀头的讨论，一直没有停过。

想必很多人都知道这意味着什么。对一个"逆臣"喊打喊杀，向来政治正确。

又是杜甫站了出来。

于是，我们读到了能把人看哭的友谊，题目叫《不见》：

> 不见李生久，佯狂真可哀。
>
> 世人皆欲杀，吾意独怜才。
>
> 敏捷诗千首，飘零酒一杯。
>
> 匡山读书处，头白好归来。

题目下方，杜甫还写了六个字："近无李白消息。"——这些年来，他一直在追寻李白的消息。

老白啊，原来你"痛饮狂歌"都是装的。原来你目空一切的眼角，还藏着哀伤。

来吧，回四川老家吧。这里有匡山，你少年读书的地方。

这里有酒。

还有我。

千年后的我们读这首诗，多希望李白能够看到，知道这个小师弟、小粉丝一生都在挺他。

可惜，现实是残酷的。

这一年的李白，即将走向人生终点。

他跌跌撞撞，从江西赶往安徽当涂县，把诗集和身后事托付给一个本家叔叔，第二年去世。

大唐再无诗仙。

07

看李白和杜甫的交往，我们总会冒出一个问题，如果两人真有那么一次重逢，白头对苍颜，他们会说些什么，会做些什么？

可能还要从诗里找答案。

让我们再回到十几年前，李杜在鲁郡分别的那一刻。

杜甫走后，李白又回到兖州（当时叫沙丘城）。秋风萧瑟，城墙横亘，一切都没有变，只是少了杜甫。

李白顿感茫然无措，来到曾经与杜甫喝酒的地方，写下一首《沙丘城下寄杜甫》。

后世很多人解读李杜友谊，都喜欢用数量来衡量，之前我也这么认为，现在知道这是不对的。

李白对杜甫的感情，哪怕只有这一首就足够。来，它值得我们细读一遍：

> 我来竟何事？高卧沙丘城。
>
> 城边有古树，日夕连秋声。

> 鲁酒不可醉，齐歌空复情。
>
> 思君若汶水，浩荡寄南征。

请注意第一句，只有特别在乎一个人，才会失魂落魄，鬼使神差一样来到旧地。

只有特别思念一个人，才会让"三百六十日，日日醉如泥"的李白，都觉得鲁酒不好喝，齐歌没意思。

看见了吗杜兄弟，我对你的思念汹涌澎湃，犹如滔滔汶水，奔流在你南下的路上。

杜甫怎么回应呢？

我觉得，是《春日忆李白》的后四句：

> 渭北春天树，江东日暮云。
>
> 何时一樽酒，重与细论文。

我眼前春天的树，挂着你眼前的片片暮云。什么时候能够重逢，我们一起举杯，再论诗文？

成语"春树暮云"，就是打这儿来的。

诗坛不缺送别句。如果真有这么一次重逢，历经离乱长夜的一仙一圣，将会写出怎样的诗歌？不敢想象，也无从想象。

如果选一个重逢地点，我希望是在射洪县的陈子昂故里，让李白的"独映陈公出"，杜甫的"公生扬马后，名与日月悬"，都被恩师听见，再不"独怆然而涕下"。

若是如此，前辈定会诗魂犹在。

涪江上空，太阳和月亮再次光辉相接，杜审言和陈子昂碰杯叮当，传来隐隐笑声。

干杯，干杯!

中唐诗坛：三大门派恩仇录

还记得那个叫牛僧孺的年轻人吗？
该他出场了。
影响中晚唐所有诗人命运的
「牛李党争」即将开始。

01

公元805年春天，长安。

一个叫牛僧孺的年轻人，来到一个大宅门前。门口停满了宝马香车，人来人往，牛僧孺整整身上那件掉色长袍，递上名片："你好，我预约了刘大人，前来拜访。"

保安一看名片是个白身。"喏，门口接待室等着吧。"

牛同学从上午等到下午，长安城暮鼓敲响，还没看见刘大人的影子。他摸摸背包里的诗文，一气之下摔门而去。

等刘大人忙完，才想起今天还约了这个小伙子，再去寻找，早已没了人影。刘大人哈哈一笑，并没有当回事。

这个刘大人，是当时的监察御史，名叫刘禹锡。

$$02$$

当时的刘禹锡才三十三岁，为什么有这么大的影响力？有必要交代一下。

在古代，监察御史是个特殊的岗位，级别不高，只有八品，却具有督察百官的权力。

刘禹锡担任监察御史的时代背景更为特殊。当时，宦官权力膨胀，藩镇各怀鬼胎，这是一个积弊已久的局面。而唐德宗李适已经病入膏肓，政治空气敏感，变数巨大。官员们的仕途，取决于他们所站的队伍。

最有可能成为政坛新星的，就是太子侍读王叔文，我们可以称他为太子党领袖。

为了做强做大，敲钟上市，王叔文到处吸纳人才，其中就有刘禹锡。我们的"诗豪"同学，很快成了王叔文集团的核心成员。

太子李诵很快继位，即后来的唐顺宗，太子党成员一夜之间华丽转身，成为政治新宠。这时距离刘禹锡在渭南县做主簿，只有三四年而已。

从他后半生长达二十三年的贬谪生涯看，他一生的好运，全用在这几年了。

在他的团队里，还有个叫柳宗元的好兄弟，他们春风得意，风头无两。中唐诗坛第一个门派闪亮登场，江湖人称"刘柳"。

此时的刘柳一定不会想到，他们现在对牛僧孺的爱搭不理，日后将变成高攀不起。

"小牛同学，我看好你！"

说话的是一个三十七岁的中年男子，身材稍胖，短胡子，不怒而威，正是大唐文坛的又一掌门人，名叫韩愈。

这就是咱们要说的第二大门派——"韩门"。

03

韩愈这样的大咖，为什么要把一个穷小子拉进他的朋友圈？除了小牛同学有才华，还有没有其他原因？

让我们回到两年前。

彼时，韩愈是大唐最高学府——国子监的教授，他正在掀起一场古文运动，一篇《师说》，一篇《御史台上论天旱人饥状》，让他坐上大唐第一名师宝座，在上进无门的青年群体眼中，韩愈老师就是指路明灯。

那篇揭露社会阴暗面、让朝廷减税的《御史台上论天旱人饥状》，为韩老师赢得了一片叫好声，以及朝廷汹汹的怒气。

一道圣旨劈下来，把他贬到广东阳山，韩愈南下务工，职位是阳山县令。

韩大掌门与"刘柳"双雄的嫌隙，由此开始。

贬谪途中，韩愈越想越不对劲：虽然文章是我写的，可是去关中旱区做市场调研，是你刘禹锡柳宗元提的议，为啥我这么惨，而你俩不降反升？于是提笔写道：

> 同官尽才俊，偏善柳与刘。
> 或虑语言泄，传之落冤仇。
> 二子不宜尔，将疑断还不？
> …………

一年后，韩愈表现不错，朝廷开恩，让他去做江陵法院院长。可是在上任途中，又遭到一位湖南观察使的阻挠，这个官有多大呢？大概比现在的副省长略低一点，他的名字叫杨凭。

杨观察使是怎么阻挠韩愈的，历史记载比较含糊，只知道他确实阻挠了。

有趣的是，杨观察使很快也在斗争中被下放，惨兮兮地写诗：

> 云月孤鸿晚，关山几路愁。
> 年年不得意，零落对沧洲。

不过，这时的杨观察使没想到，"零落对沧州"的不只是他，还有他的女婿——柳宗元。

故事讲到这里，韩愈与"刘柳"的嫌隙进一步加深。

他在《永贞行》里写道：

> 君不见太皇谅阴未出令，小人乘时偷国柄。

············

一朝夺印付私党，懔懔朝士何能为？

············

夜作诏书朝拜官，超资越序曾无难。

公然白日受贿赂，火齐磊落堆金盘。

············

太上皇的棺材板还没钉上，这帮小人就篡权了。他们夜里密谋勾结，第二天就能当大官。白天公然大肆受贿，珍珠堆满金盘，我们这些正直的人，能做什么呢？

从后来韩愈与"刘柳"的伟大友谊来看，这里的"小人"不包括"刘柳"，但矛头对准的，确实是"刘柳"的队友。

请注意诗名里的"永贞"二字，这是唐顺宗的年号。王叔文掌权后，带领"刘柳"一帮人，开展了一系列革新运动，就称作"永贞革新"。

今天来看，这场半路夭折的革新运动，对朝廷并没有什么贡献，却暴露出这帮人幼稚的政治头脑。在夺权的阴影下，他们用人没有把关，演变成一个争权夺利的小帮派。

更悲催的是，此前已经中风的唐顺宗，早就行动不便，龙椅都坐不上，每日上朝只能在龙椅后面安置一个软榻，躺着主持国事，让宦官传达。

"二王""刘柳"最担心的事情还是发生了。即位仅半年，近乎植物人的唐顺宗生活无法自理，很快让权，不久后死去，新皇帝唐宪宗上位：革新？革个毛新，还是革你们的命、革你们的职吧。

小帮派两大头目王叔文、王伾被杀，其他八个人，被贬到蛮荒之地做司马，史称"二王八司马"事件。

后面的事大家比较熟悉。刘禹锡被贬到朗州（今湖南常德）做司马，唱着"论成败，人生豪迈"，开始了他的诗豪生涯。

柳宗元被贬到永州，在那个"千山鸟飞绝"的地方"独钓寒江雪"。

晚唐罗隐有一句诗，写诸葛亮壮志未酬的，我觉得简直是为"刘柳"量身定制，那就是"时来天地皆同力，运去英雄不自由"。他们有才华、有胆量、有改革的决心，可惜运气实在太差。

"刘柳"下课了，韩老师门前，却敲响了上课铃。

04

没有什么能够阻挡，我对课堂的向往。穿过幽暗的岁月，来到国子监的讲堂。

熬过贬谪生涯，韩愈回到长安，大开门庭，全面扩招。

对待被刘禹锡忽视的那个牛僧孺，韩老师放下身段，亲自登门拜访。还策划了一场事件营销，在牛僧孺门上写了几个大字，大意是：韩愈来访牛僧孺，不遇。

这太给面子了！牛僧孺从一介白身一夜爆红，登上大唐头条。

苦吟派大当家前来拜师，用"鸟宿池边树，僧敲月下门"敲开了韩老师的大门，他叫贾岛。

韩老师未及关门，一阵阴风吹来，门外立一人，正是鬼才李贺，他带着雁门关的杀气，吟出一句"黑云压城城欲摧，甲光向日金鳞开"。

"穷瞎子"张籍来了，一见面，就亮出"九月匈奴杀边将，汉军全没辽水上"，那是名震江湖的杜甫心法。韩老师激动不已，来来来，话筒给你。

还有"春风得意马蹄疾，一日看尽长安花"的孟郊，也来了，韩老师赶紧擦擦椅子，轻轻推过去——这是第二把交椅。从此，韩门有了另一个称号，叫"韩孟"诗派。

不过，当时的政坛云谲波诡，人事盘根错节，韩门并非固若金汤。

那一天，韩老师正在点名，一个个都答了"到"，他又点出一个同学：

"李绅。"

没人说话。韩老师瞅着一个空座位："李绅呢？"

张籍从椅子上站起来："报告老师，李绅转校了。"

"转哪儿了？"

"白居易刚办的新乐府补习班。"

韩老师眼睛一瞪："把他给我找回来。"

张籍支支吾吾："韩老师……我也想转。"

……

没错，这个李绅，就是"锄禾日当午"那位，因为这首诗太过出名，我们印象中的李绅，总是一个苦哈哈的老农形象，然而这是假象，后面会说。

李绅逃离韩门，促进了另一门派的崛起——以白居易、元稹为首的"新乐府"门派。

05

有必要先解释一下，为什么说李绅是逃离韩门？

这要从韩愈写《师说》的前一年说起。

那一年，李绅作为一个落榜生在长安游荡，睡网吧，吃泡面，经常在青楼大道吟诵他的诗句：

> 锄禾日当午，汗滴禾下土。
>
> 谁知盘中餐，粒粒皆辛苦。

"好诗！"

一个叫吕温的人说道："我帮你推广。"

吕温这么说，也这么做了，在大唐御史台诗友群里，他每天都用这首诗刷屏，还给李绅站台：我看这个人啊，以后必做卿相。

原话是："吾观李二十秀才之文，斯人必为卿相。"

刘禹锡：嗯，不错。

柳宗元：赞！@老韩，你觉得呢？

韩愈沉思良久，发来一句话：我已经给他报名科考了。

都是爱才之人啊。

同一年，韩愈向主考官推荐了十个优秀青年，六人中榜，其中一个就是李绅。

加入元白补习班，当然要备上见面礼。

这不难，不就是写诗吗？喇喇喇，李绅出手就是二十首，装订成册，名叫《乐府新题》。

如今李绅的《乐府新题》二十首早已佚失，不过从他《悯农》里"四海无闲田，农夫犹饿死"一句，不难猜出大概风格。

一下子来二十首，元稹太高兴了，马上响应，写下《和李校书新题乐府》十二首。

白居易更激动，丢过来厚厚一沓——《新乐府》五十首。

这里有"可怜身上衣正单，心忧炭贱愿天寒"的《卖炭翁》；

有"典桑卖地纳官租，明年衣食将何如？"的《杜陵叟》；

有"地不知寒人要暖，少夺人衣作地衣！"的《红线毯》；

另外他还写有"是岁江南旱，衢州人食人！"的《秦中吟》。

中唐诗坛，一个强大的门派渐渐崛起，他们用古乐府诗的形式，针砭时弊，反映现实，校门口是白掌门亲手题的牌匾，上面写着"新乐府"。

前面说，张籍也要转学。韩老师是什么心情，我们不能乱猜。但扒扒韩愈和白居易的诗集，发现三首小诗，很有意思。

某个春天，韩愈约张籍、白居易在长安曲江见面。张籍来了，白居易却放了鸽子。

事后，韩老师赋诗一首，题目大意是：与张籍游曲江，寄白居易。诗是这样写的：

> 漠漠轻阴晚自开，青天白日映楼台。
> 曲江水满花千树，有底忙时不肯来？

重点在后两句：曲江景色这么好，老白你忙啥呢不过来？

白居易回信，题目是《酬韩侍郎、张博士雨后游曲江见寄》：

> 小园新种红樱树，闲绕花行便当游。
> 何必更随鞍马队，冲泥蹋雨曲江头。

韩侍郎即韩愈，张博士即张籍。

我院子里樱花开了，在家玩呢。曲江人挤人，路况不好，我才不去凑热闹。

韩愈：……

很久之后，不知道中间发生了什么事，白居易主动向韩愈示好，题目是《久不见韩侍郎，戏题四韵以寄之》：

> 近来韩阁老，疏我我心知。
>
> 户大嫌甜酒，才高笑小诗。

老韩啊，你不鸟我，我是知道的。你是大咖，是干大事写大文章的，哪看得上我写小诗的。

韩愈：……

以上这些，如果算是文人之间的小摩擦、小玩笑，正如白居易所说是"戏题"，那也无伤大雅。

可是后面发生的事，对刘柳、元白、韩孟来说，就是真正的考验了。

06

这一年，淮西叛乱，朝廷派大军讨伐。

行军大元帅，是一个叫裴度的人。这个人很少写诗，大家可能不熟悉，只要记住他是个大牛人就行了，当时他有个称号——"郭子仪再世"。

中晚唐有名的大诗人，很多都受过他的影响。韩愈就是其中一位。

去淮西平乱，裴度让韩愈做行军司马。韩老师不负众望，出谋划策。那一仗打得猛如虎，淮西很快平定。

朝廷终于在藩镇面前扬眉吐气了一把，唐宪宗龙颜大悦：升职，加薪。

裴度，搬进了宰相办公室。韩愈，换了刑部侍郎的名片。

众所周知，韩老师为人又刚又硬，他要是只想当官，就不会是文坛大宗师了。

刑部侍郎的椅子还没坐热，就发生了迎佛骨事件，简单说，就是唐宪宗佞佛，求长寿，劳民伤财大搞佛事，韩愈用一篇《论佛骨表》，把唐宪宗骂得狗血淋头。

真是吃完一堑，还有一堑。

这篇文章，给韩老师赢得一张开往潮州的船票，更苦的贬谪生涯，即刻启程。

行至蓝田关，大雪阻路，侄孙韩湘前来告别，韩愈写道：

> 一封朝奏九重天，夕贬潮阳路八千。
>
> 欲为圣明除弊事，肯将衰朽惜残年。
>
> 云横秦岭家何在？雪拥蓝关马不前。
>
> 知汝远来应有意，好收吾骨瘴江边。

不过请放心，这一年，韩大掌门的这把老骨头还硬朗，收骨的人是刘禹锡。

几乎是同时，刘禹锡的老母亲去世，在扶棺返乡的路上，又得到柳宗元去世的噩耗。

"刘柳"一生一死，韩门大当家被流放潮州，这时的孟郊也已去世好几年。

两大门派，寂寥萧条。

与之对应的，是"元白"门派再创巅峰。

在这几年里，白居易如愿以偿调往杭州，一边风花雪月，一边勤政为民。据说，现在西湖的白堤，就是他的杰作。

元稹和李绅双双担任翰林学士，与李德裕一起谈笑风生，人称"三俊"。

还记得开头那个叫牛僧孺的年轻人吗？现在，该他出场了。影响中晚唐所有诗人命运的"牛李党争"即将开始。

07

"牛李党争"背景非常复杂，牵涉人物众多，持续了近四十年，很难在短文里讲全面，可它确实事关诗人们的命运，有必要简单聊几句。

在唐代，门户出身还很重要，一个人能不能做官，才华倒是其次，重要的是拼爹、拼爷、拼家谱。李白为什么没有参加科举的资格？因为他是商人家庭。

到了中唐，人们越来越发现这个风气的弊端，阶层都固化了，还奋斗个毛线。黄巢为什么造反？不造反不行啊，出身不好，一身才华没处用。

怎么打破阶层的固化呢？科举改革。改革的目标就一个：打破豪门垄断，公平竞争。韩愈一辈子都在忙这个事。

这样一来，科举就变成了门阀贵族与新兴庶族之间权力斗争的工具。

公元821年，矛盾终于激化了。

这一年抓科举工作的叫钱徽。考试结果出来，中榜的考生刚要开香槟，一道圣旨下来：重考。

上书要求重考的，是元稹、李绅和李德裕，他们一口咬定这次科举有猫腻。

你是不是有个疑问：李绅写过《悯农》这样的诗，不是庶族代表吗？

事实是你想多了，李绅是货真价实的贵族后代，祖上是跟唐高宗李治混的。他可以为劳苦大众说话，但并不代表他会为此放弃政治资本。

有趣的是，这次重考，主考官是白居易。重考的结果是，钱徽确实徇私枉法，请托的人叫李宗闵，上榜的都是他们这一派的亲戚，这是"实锤"黑幕，二人都被贬谪。

元稹、李绅，属于李德裕战队，李宗闵属于牛僧孺战队，"牛李党争"的第一枪正式打响。

请注意，历史上大多数党派斗争，都不能简单粗暴地划分好人坏

鲜衣怒马少年时2

人，那是某些影视剧里才干的事。

就像王安石变法。新党王安石，旧党司马光，不新不旧苏东坡，谁好谁坏呢？

大老板宋江站在替天行道的大旗下，说我们只杀贪官，不扰民，可他管不住李逵的大板斧。

牛李两党也是这样，都有君子，也都有小人，还有人既是君子也是小人。

连后来的唐文宗都抓狂说："去河北贼易，去朝廷朋党难！"

这是牛李党争的开局，李党胜出。

李德裕晋升为御史中丞，李绅获赐紫金鱼袋，任中书舍人，元稹晋升副宰相。

连白居易也跟着沾光，调往长安，走马上任中书省。

紧接着，是两党的白热化斗争。

元稹指着裴度的豪华办公室，先喊出他的小目标：宰相，我要当正的。

李绅紧随其后，指着韩愈义正词严：韩市长要给我汇报工作！

是的，此时的韩愈也已调回朝廷，任京兆尹，类似长安市市长。

眼看双方就要砸电脑掀桌子了，一个阴险的声音传来："都别争了，谁当宰相，我说了算。"

说话的人叫李逢吉，他的身后，站着一个更大的势力——宦官集团。

熟悉这段历史的朋友都知道，宦官干政一直是中晚唐的毒药，他们权势熏天，连当时的皇帝唐穆宗都是宦官扶持上位的。

但宦官再厉害，也不能当宰相呀，这不合礼法。咋整？

很简单，扶持听话的上位。

李逢吉不是宦官，但他跟宦官是战略合作伙伴。为了抑制势头正盛的李党，由李逢吉出面，扶持牛党。

这个牛党宰相不是别人，正是牛僧孺。

这一局牛党胜，李德裕、李绅、元稹、裴度，通通下课。

这次冲击没有波及韩愈，因为他刚刚去世。在这之前，孟郊、李贺先后去世。几年后，元稹也在被贬谪后暴病去世，享年五十二岁。

文坛三大门派，风雨残烛。

08

可是牛李党争还在继续。

在此后的几十年里，它跟王安石变法一样，这局你赢，下局我赢，此消彼长，直到夕阳近黄昏。

十年后的一天，刘禹锡还在各地辗转颠沛，路过扬州，遇见前宰相、现在的淮南节度使牛僧孺。

酒过三巡，在尴尬的气氛里，牛僧孺赋诗一首。这首诗才气一般，但很有内涵，各位认真看：

粉署为郎四十春，今来名辈更无人。

休论世上升沉事，且斗樽前见在身。

珠玉会应成咳唾，山川犹觉露精神。

莫嫌恃酒轻言语，曾把文章谒后尘。

"粉署"是尚书省别称。大概意思是：老夫混尚书省四十年，当时的牛人还剩几个？别再说浮浮沉沉那些事了，喝酒喝酒。把功名利禄当作一口唾沫，才能欣赏大好河山。

老刘啊，我这是醉话，说得直，你别介意哈。毕竟，我当初拿着文章到你府上求见，也吃了你不少土。

一大滴汗从刘禹锡花白的鬓角落下：你牛，你牛。

他也回诗一首，叫《酬淮南牛相公述旧见贻》，这首诗对喜欢刘禹锡的人来说，简直不忍卒读，他写道：

少年曾忝汉庭臣，晚岁空余老病身。

初见相如成赋日，寻为丞相扫门人。

追思往事咨嗟久，喜奉清光笑语频。

犹有登朝旧冠冕，待公三入拂埃尘。

他把牛僧孺比作汉代的大文豪司马相如。"忝"是羞愧。诗意大致是：

当时我做重臣时太年轻，惭愧呀，现在只剩一身病。

第一次看你的文章，司马相如再世啊，就知道你会做宰相，我愿做你的扫门人。

往事不堪回首，我们还是把酒言欢吧。

回头我穿上旧朝服，为你轻轻擦掉座椅上的尘土。

读完什么感觉？

这是"玄都观里桃千树，尽是刘郎去后栽"的刘禹锡吗？是"九曲黄河万里沙，浪淘风簸自天涯"的诗豪吗？

美人迟暮，英雄末路。

诗人老了。

后来，牛僧孺也遭贬谪，被召回长安，很快去世。

李德裕更悲催，被贬到海南崖州，客死他乡。时人有诗："八百孤寒齐下泪，一时南望李崖州"——没错，豪门贵族出身的李德裕，也提拔过众多孤寒之士。

牛李党争落下帷幕，没有赢家。

⑨

诗人们像是突然认清了一个现实：什么牛党李党，都干不过阉党。我们练的是诗文章法，阉党练的是《葵花宝典》。

算了，把大唐交给年轻人，交给命运，大家养老去吧。

于是，这群文坛老前辈、老干部扎堆洛阳，拿出养老金，盖大宅，喝小酒，在白居易的豪华府邸里，裴度来了，刘禹锡来了，张籍、令狐楚也来了。

他们享受着难得的诗酒年华，在无限好的夕阳里，等待黄昏降临。

刘柳、元白、韩孟，三大门派创作风格不同、性格各异，所在的政治团体也不同，但他们的内核是一样的，都是直言上书、针砭时弊，为了让那个时代更好。

韩愈在《御史台上论天旱人饥状》里揭露时弊，要求朝廷减税，柳宗元就在《捕蛇者说》里大喊"苛政猛于虎"；李绅写"四海无闲田，农夫犹饿死"，白居易就控诉"是岁江南旱，衢州人食人"。

他们，都践行着白居易的信条："文章合为时而著，歌诗合为事而作。"

他们，其实是一类人。

就连他们崇拜的宗师，也都是那个痛哭的人——杜甫。

韩愈写"李杜文章在，光焰万丈长"，白居易就在《李杜诗集》后写"天意君须会，人间要好诗"。

元稹更厉害，给杜甫写了墓志铭，并用违反广告法的语言推广杜甫："诗人以来，未有如子美者。"

刘柳、元白、韩孟这三大CP（组合），又相互配对，自由组合。

韩愈、柳宗元尽释前嫌，惺惺相惜，他们的组合叫"韩柳"；刘禹锡、白居易又亲如兄弟，叫"刘白"。

君子和而不同，莫过于此。

元白往事

没有元稹的岁月，
是白居易的余生。

01

那一年，元稹二十二岁，白居易二十九岁。

一个是初入诗坛的小鲜肉，一个是连老太太都喜欢的帅大叔。

在当时，诗人们都喜欢组建CP。

刘禹锡、柳宗元的"刘柳"组合，主攻时政，很高级、很有深度，拥有大批精英粉。

韩愈、孟郊的"韩孟"组合，主攻民生，他们犀利无比，踢爆了很多社会阴暗面。比如《科举不举：寒门再难出贵子》《关中大旱，朝廷还收个毛税》《师说：论教育观念的转变》等等，深受大众追捧。

这两大阵营，轮番霸占大唐热搜榜，风头无两。

元稹和白居易，就是在这样的背景下认识的。

那一年，春风得意的刘禹锡，决定搞一场轰趴，邀请一众文坛大咖，元、白也收到了请柬。

当时的元稹，刚刚写完他的自传体长篇《莺莺传》，在娱乐八卦领域崭露头角。而白居易，早已凭借"离离原上草"红遍大唐，正在酝酿他的超级八卦大作《长恨歌》。

"哥，相见恨晚啊！"元稹把酒一口闷掉，单膝跪下，抱着白居易的大腿。

"兄弟快起来，大腿不能随便抱。"白居易强忍住内心的激动。

"哥，你不愿意带我飞吗？"元稹带着哭腔问。

白居易扫视四周——刘禹锡正在跟长安市市长韦夏卿交头接耳，柳宗元正在跟牛僧孺讨论文章选题，其余宾客，推杯换盏。

白居易压低声音："不是，这里人多。"

02

一般来说，朋友之间的交情，从浅到深是需要时间的。元、白则不同，两人从一开始就电光火石，"一见钟情"：

> 不堪红叶青苔地，又是凉风暮雨天。
> 莫怪独吟秋思苦，比君校近二毛年。

这是二人刚认识时白居易写给元稹的，叫《秋雨中赠元九》：兄弟，红叶飘落，凉风暮雨，我想你了。

"二毛"是指两种颜色的头发，意思是有了白发。字面上是说我比你大，老了。可白居易当时才三十岁，正是大好年华。不管是谦恭，还是夸张"卖惨"，都说明元稹这个小兄弟，在白居易心中有不一样的分量。

仕途起步，元、白同时做了校书郎，一起上班，一起下班，一起逛繁华的长安城。之后白居易被调往外地做县尉，元稹日夜思念。不是我瞎说，有诗为证：

> 君为邑中吏，皎皎鸾凤姿。
> ············
> 昔作芸香侣，三载不暂离。
> 逮兹忽相失，旦夕梦魂思。

白哥，虽然你在外地做官，不在我眼前，可我都能想到你俊逸的"鸾凤姿"了。三年来我们很少分开，如今就要两地分离，我将日夜思念你。

写完觉得还不够，又补充了几句：

> 官家事拘束，安得携手期。
> 愿为云与雨，会合天之垂。

我也公务缠身，不知道啥时候才能再次拉住你的手。我们化为云雨，交会在天际。

要知道，在中国文化里，"云雨"两个字是有特定意象的，元稹用在他和白居易身上，还真让人费解。

后来，白居易终于接到回长安的调令，他很激动，又可以跟元稹"会合天之垂"了。可事不凑巧，元稹又被调到了外地，这剧情相当虐心。

元稹离开长安那天，白居易连去车站送行的勇气都没有，只能把自己灌醉，给元稹说他的失落：

> 况与故人别，中怀正无悰。
>
> 勿云不相送，心到青门东。
>
> 相知岂在多，但问同不同。
>
> 同心一人去，坐觉长安空。
>
> ——《别元九后咏所怀》

兄弟啊，你要走了，我难受，想哭。

不要说我没有送你，是怕我自己受不了，可我的心一直跟着你到长安青门。

知心人不在多，在于心意相通。

你一走，整个长安都空了。

有没有"愿得一心人，白首不相离"的味道？

光表白还不足以证明二人的感情。

有一年，白居易母亲去世，要停薪留职，回家守丧三年，他穷得连酒都买不起。元稹又是寄衣服又是寄好吃的，还给他转账二十万钱：乐天，购物车不能空，别饿瘦了。

后来元稹被贬江陵，白居易也全力接济。

这些事，都被他用碎碎念的诗风，写得清清楚楚：

> 元君在荆楚，去日唯云远。
>
> ············
>
> 忧我贫病身，书来唯劝勉：
>
> 上言少愁苦，下道加餐饭。
>
> 怜君为谪吏，穷薄家贫褊。
>
> 三寄衣食资，数盈二十万。
>
> 岂是贪衣食？感君心缱绻！
>
> 念我口中食，分君身上暖。

诗就不细说了，搭眼一扫，尽是体贴关怀，言语宽慰，添衣加饭，无微不至。翻遍史书，这样的情感几乎找不到第二例。

03

两个人感情好的最高境界是什么？

心有灵犀。

梁山伯和祝英台之间有个心电感应，人家元、白也有。

故事是这样的。

那一年，元稹到四川出差，经过古梁州。旅途寂寞，莫名伤感，昏昏睡去。他做了一个梦，在梦里，元稹见到了白居易，俩人一起饮酒写诗，游曲江、逛慈恩寺。忽然他被驿馆的人叫醒：元大人，哈喇子擦一下，该出发了。

多么美妙的梦啊，一定要告诉老白：

> 梦君同绕曲江头，也向慈恩院院游。
> 亭吏呼人排去马，忽惊身在古梁州。
>
> ——《梁州梦》

半个月后，白居易收到诗，当时他就惊呆了，因为元稹梦到他的那天，他真的在游曲江。更巧的是，他当时也正在想念元稹，不仅料到元稹刚到梁州，还在同一天也写了诗：

> 花时同醉破春愁，醉折花枝作酒筹。
> 忽忆故人天际去，计程今日到梁州。

这首《同李十一醉忆元九》是说：阿九啊，我跟李十一去游曲江了，喝喝酒，解解愁。突然就想到远在天边的你，估计你今天到梁州了吧。

是不是特别心有灵犀，简直是有心电感应。

在这里，我们不禁要同情一下这位李十一同学。白居易跟他一道出游，脑子里却满满都是元稹。李十一心里的阴影面积，大概能有十一平方公里。

哦对了，这个李十一，是当时的长安市市长，名叫李建。许多年以后的今天，我们还能听到一位叫李健的歌手，唱着一首深情而空灵的歌：

> 在我的怀里，在你的眼里
> 那里春风沉醉，那里绿草如茵
> 月光把爱恋，洒满了湖面
> 两个人的篝火，照亮整个夜晚
>
> 多少年以后，如云般游走
> 那变换的脚步，让我们难牵手
> 这一生一世，有多少你我
> 被吞没在月光如水的夜里
> …………①

贬谪江陵这段时间，是元稹的低谷期，他无时无刻不在思念白居易。

---

① 歌词引自《贝加尔湖畔》。

在旅馆里，看见桐花，想老白：

> 夜久春恨多，风清暗香薄；
> 是夕远思君，思君瘦如削。
> …………
> 我在山馆中，满地桐花落。

这等刻骨铭心，简直琼瑶附体，黛玉转世。老白感动得一塌糊涂，马上回信：

> 晓来梦见君，应是君相忆。
> 梦中握君手，问君意何如。
> 君言苦相忆，无人可寄书。
> …………
> 以我今朝意，忆君此夜心。
> 一章三遍读，一句十回吟。
> 珍重八十字，字字化为金。

白居易诗的特色，就是通俗易懂。这首诗无须解释，情透纸背。

元稹的贬谪之路，白居易二十四小时在线，换着花样说我想你。有人统计过，短短几个月，俩人互诉思念的诗就将近三十首……

04

　　元稹人在江陵，心还在长安。漫漫长夜，总会想起与白居易在一起的日子：

　　　　夸游丞相第，偷入常侍门。

　　　　爱君直如发，勿念江湖人。

　　这首《酬乐天登乐游园见忆》，是元稹版的"往事只能回味"：乐天啊，我的朋友圈有丞相公卿，有豪门名流，可我偏偏喜欢你的直脾气，你看，我又想你啦。

　　"爱君直如发"，这表白力度是相当强了。

　　那一夜的大明宫，同僚早已打卡下班，只有白居易的那间办公室还亮着灯，他在给元稹写信。

　　由于情绪太激动，想说的话太多，信写了又改，信封封了又拆，他竟然熬了一个通宵：

　　　　心绪万端书两纸，欲封重读意迟迟。

　　　　五声宫漏初鸣后，一点窗灯欲灭时。

　　　　　　　　　　　　　　　——《禁中夜作书与元九》

　　几年后，元稹又被贬到四川通州，屁股还没坐稳，得知白居易也被贬官，去了江州。元稹更是患难见真情，马上修书一封：

残灯无焰影幢幢，此夕闻君谪九江。
垂死病中惊坐起，暗风吹雨入寒窗。

——《闻乐天授江州司马》

"垂死病中惊坐起"，换句话说，你就是给我续命的人啊。这情感力度太强了。于是，白居易一封接一封回信，比如"谁知千古险，为我二人设""如何含此意，江上坐思君"，又比如"生当复相逢，死当从此别"等等，其实翻来覆去就说了三个字：我想你。

在一首标题为《酬乐天赴江州路上见寄三首》的诗里，元稹还说他俩的感情与众不同：

人亦有相爱，我尔殊众人。
朝朝宁不食，日日愿见君。
一日不得见，愁肠坐氛氲。
如何远相失，各作万里云。

当真是"殊众人"啊。

"氛氲"的意思是心绪缭乱，读元白的诗，我的思绪也经常缭乱。

元稹老婆去世，他写过很多悼亡诗，最感人的一句是"惟将终夜长开眼，报答平生未展眉"。他说，只有彻夜思念，才能报答老婆为他受的苦。

这个待遇，不知道死去的韦丛有没有享受到，反正，活着的白居易是享受到了。元、白往来的诗歌里，动不动就是彻夜思念。

比如白居易这首《舟中读元九诗》：

> 把君诗卷灯前读，诗尽灯残天未明。
> 眼痛灭灯犹暗坐，逆风吹浪打船声。

眼睛都熬痛了还不睡，还在读元稹的诗，真想递给他一瓶滴眼液。

老白这么"痴情"，元稹当然也要回应。他也不睡，听着满山的杜鹃声，凄凄惨惨：

> 知君暗泊西江岸，读我闲诗欲到明。
> 今夜通州还不睡，满山风雨杜鹃声。

——《酬乐天舟泊夜读微之诗》

俩人不光写诗，对彼此的生活也很惦记。

夏天到了，白居易就给元稹寄衣服，那是大唐"时尚时尚最时尚"的潮男夏装："浅色縠衫轻似雾，纺花纱裤薄于云。"上衣很轻，浅浅的文艺色调；裤子很薄，透明犹如蕾丝。

在包裹里还不忘附上一份贴心提示："莫嫌轻薄但知著，犹恐通州热杀君。"别嫌太薄，赶紧穿上，可不能把自己热坏了。

元稹没热坏，而是感动坏了，他马上买了四川的绿丝布和白轻裕寄给老白。这两种布料现在见不到实物了，但特点也是又轻又薄。白居易收到后，赶紧让做成衣服：

> 袴花白似秋云薄，衫色青于春草浓。
> 欲著却休知不称，折腰无复旧形容。

阿九啊，料子我收到了。浅色的裤子，很薄，很轻；上衣是青绿色的，很养眼。咱们就叫它"青绿装"吧。

我们甚至能读出白居易的细微情绪，感动之中，还带着一丝不好意思：我想穿上它，可是我老了，驾驭不了这种风格，呵呵。

按说，这就是一句调侃，不用当回事，可在元稹心里，白居易的一丝情绪波动，都是大事，他马上回了信：

> 溢城万里隔巴庸，纻薄绨轻共一封。
> 腰带定知今瘦小，衣衫难作远裁缝。
> 唯愁书到炎凉变，忽见诗来意绪浓。
> 春草绿茸云色白，想君骑马好仪容。

万水千山总是情，我知道你瘦了，不能先给你做好衣服。
怕快递太慢，等你收到天气已转冷，收到你的信我就放心了。

那身"青绿装"很好的，我都想象到你穿上它的样子了，很帅的。

05

除了日常互诉衷情，俩人还喜欢到处展示他们感情好。每到一个地方，都给对方写诗留言。

比如有一年，元稹经过阆州，又想念老白，见不到人，就抄老白的诗排遣寂寞，还赋诗一首，自动上墙：

> 忆君无计写君诗，写尽千行说向谁。
> 题在阆州东寺壁，几时知是见君时。
> ——《阆州开元寺壁题乐天诗》

白居易表示很感动，不管走到哪里，都先找元稹留下的记号：

> 每到驿亭先下马，循墙绕柱觅君诗。

这两位的感情，都惊动元稹当时的老婆了。元稹在他的一首《得乐天书》里曾经写道：

> 远信入门先有泪，妻惊女哭问何如。
>
> 寻常不省曾如此，应是江州司马书。

　　老白啊，邮差刚进门我就哭了，把老婆孩子都吓到了。她们知道，我平时不是这个样子的，一定是收到了你的信。

　　顺便说一下，前几年，那个叫薛涛的女人经过一番痛苦挣扎，终于放弃了元稹，她在分手诗里，把元稹比作柳絮：

> 他家本是无情物，一向南飞又北飞。

　　薛姑娘还是太单纯，人家那不是"无情"，只是对你无情。你看他南飞也好，北飞也罢，什么时候飞出过白居易的脑海！

　　之前说过杜甫给李白写了十几首诗，都让人觉得他们交情深了。

　　白居易和元稹之间的唱和，简直是日更的，动不动就是"一百韵""诗三首"，春夏秋冬、白天黑夜、乘车行船，无论何时何地都会想念对方。

　　有一年，元稹接到调令，从四川往河南走，白居易从江州出发，在宜昌等到他，俩人"停舟夷陵，三宿而别"。

　　那"三宿"里聊了啥，我们不知道，只知道两人猛喝酒、疯狂买醉。

　　白居易写的《醉后却寄元九》是这样的：

蒲池村里匆匆别，澧水桥边兀兀回。

行到城门残酒醒，万重离恨一时来。

元稹踏出城门的那一刻，他又"万重离恨"了。

最有意思的是元稹的回诗，名叫《酬乐天劝醉》：

美人醉灯下，左右流横波。

王孙醉床上，颠倒眠绮罗。

君今劝我醉，劝醉意如何？

哥，美人喝醉后，我懂。王孙喝醉后，我也懂。今天你让我喝醉，我猜不透啊。

06

没过多久，元稹调往渭南做刺史，白居易调往杭州。

这里插入一个小知识。当时的人做官，肯定首选长安，其次是东京洛阳和首都周边，总之，离京城越近越好。

渭南紧邻长安，是个好去处，可元稹听说白居易去了杭州，马上申请调令，要去绍兴。

元太太当然不同意了，老元啊，你到底在想啥呢？咋净往十八线城市跑？

因为绍兴离杭州近呀！

为了顺利去绍兴，元稹特意哄了老婆，这在他的《初除浙东，妻有阻色，因以四韵晓之》里说得清清楚楚。"除"是任职的意思，翻译过来就是：起初老婆不答应我去绍兴，写诗哄她。

一到绍兴，元稹就像换了一个人，终于离白居易更近了，他此时的心情，在标题里写得明明白白——《酬乐天喜邻郡》：

> 湖翻白浪常看雪，火照红妆不待春。
> 老大那能更争竞，任君投募醉乡人。

这首诗，可以用一句话概括：再不浪，我们就老了。

这两三年里，是元白二人难得的闲散生活。他们一起编诗集、排歌舞，一起考察青楼产业，还玩起了竹筒传诗，绍兴、杭州、苏州，到处都有他们的身影。

直到有一天，白居易被调往洛阳，元稹又开始了借酒消愁：

> 冰销田地芦锥短，春入枝条柳眼低。
> 安得故人生羽翼，飞来相伴醉如泥。

老白啊，冰雪融化，春回大地，我多想有一双隐形的翅膀，飞到你身边，喝一坛醉生梦死。

看到没，这就是元、白的友情。

事实上，这两位写的诗远不止这些，白居易回洛阳的第二年，元稹也回到长安，二人的"思念诗"从没停止过。

公元831年，五十二岁的元稹在武昌军节度使的岗位上暴卒，白居易在洛阳收到消息，天旋地转。

运棺材的车队经过洛阳，白居易扶棺痛哭，连小蛮和樊素都化解不了他的悲伤。

在给元稹的祭文里，白居易写道："死生契阔者三十载，歌诗唱和者九百章，播于人间，今不复叙。"又说："公虽不归，我应继往。安有形去而影在，皮亡而毛存者乎？"

俩人是形与影的关系，是皮和毛的关系。没有元稹的岁月，是白居易的余生。

午夜梦回，垂泪天明。八九年后的某个清晨，年近七十的白居易又想起了老元，一首七律含泪写成：

夜来携手梦同游，晨起盈巾泪莫收。
漳浦老身三度病，咸阳宿草八回秋。
君埋泉下泥销骨，我寄人间雪满头。
阿卫韩郎相次去，夜台茫昧得知不？

这首《梦微之》通俗易懂，字字含情，唯一要说明的是，阿卫是元稹的儿子，韩郎是元稹的女婿，都是英年早逝——希望坟墓里的元稹不得知。

说实话，现存的五万首唐诗里，能把人看哭的并不多，这是其中一首。

纵观元、白的唱和诗，不管是数量，还是内容，都超越一般的朋友之情。

三百年后的南宋，大诗人杨万里也被元、白弄蒙了，他老人家挠挠头，表示想象空间很大：

> 读遍元诗与白诗，一生少傅重微之。
>
> 再三不晓渠何意，半是交情半是私。

"渠"的意思是"他们"。我们现在读元、白的友情诗，多半也会像杨万里一样迷惑。

李白杜甫之间情深义重，王维孟浩然乃知己之交，刘禹锡和柳宗元生死相依，苏轼与苏辙手足情深，他们之间的情谊，我们是看得懂的。唯独对元白，我们不容易看懂。

那等亲密，那等深厚，超越普通人之间的情谊。

元、白的一生，经历了永贞革新、藩镇叛乱和牛李党争，大起大落，患难相扶。

俩人的感情，在唐朝诗人组合里称得上最极致的一对。

认识白居易那年，元稹还很年轻，他的成名作叫《莺莺传》，这篇小说的原题，为《传奇》。

就用《传奇》的歌词结尾吧：

只是因为在人群中多看了你一眼

再也没能忘掉你容颜

梦想着偶然能有一天再相见

从此我开始孤单思念

想你时你在天边

想你时你在眼前

想你时你在脑海

想你时你在心田

…………

韦应物：改邪归正的古惑仔

那个曾经打马御街前，
见识过琼林宴、骊山泉的少年，
在声色犬马之后，
终于看到了生活的本真。

诗人很少有坏人。

从小读书，学做人，有人生目标，不容易变坏。

但在唐朝，有一个大诗人例外，曾经很坏。他一点也不像他的同行们，从小读书习文，吟诗作对，而是不学无术。

大唐老百姓在长安遇到他，会躲得远远的。要是有人说，他将来会是个大诗人，也没有人会相信，如同任何一个身处天宝年间的大唐子民，不会相信有安史之乱。

这个传奇的诗人，就是韦应物。

他有多坏呢？据他自己交代，是这样的：

少事武皇帝，无赖恃恩私。

身作里中横，家藏亡命儿。

　　　　朝持樗蒲①局，暮窃东邻姬。

我年轻的时候，仗着唐玄宗的宠爱，是长安银枪小霸王。

横，读四声，hèng。横行里巷，家里来玩的都是亡命徒。

白天我去赌场耍钱，晚上去撩邻居家姑娘。

　　　　司隶不敢捕，立在白玉墀。

　　　　骊山风雪夜，长杨羽猎时。

　　　　一字都不识，饮酒肆顽痴。

警察来了又怎样，我站在皇宫的白玉阶上，谁敢抓我！

寒冬，我为玄宗护驾，到骊山泡温泉；狩猎的季节，我陪陛下到长杨宫打猎。

那时候我就是个文盲，就知道喝酒作乐。

这首诗叫《逢杨开府》，是韦应物的青春回忆录，可以说相当坦诚了，一个顽劣骄横的皇家护卫，似乎站在我们面前。我都怀疑，他当时是不是还有个绰号叫小宝。

可是，一个小混混，为啥能进入禁卫军呢？

---

①　樗蒲（chū pú）：古代的一种游戏，像后代的掷色子。

02

如果你穿越到当时的长安，遇到姓杜、姓韦的，不用看他的身份证，就能猜出他家地址，那个地方在城南，叫杜陵。

杜陵住着当时的两大家族，京兆杜氏和京兆韦氏。

从汉朝以来，韦、杜就是士大夫阶层，是跟着皇家混的。当时有民谣：东海缺少白玉床，龙王来请……呃，不对，是"城南韦杜，去天尺五"，就是说，韦、杜两家，离天子只有一尺五。

杜甫在长安做"京漂"的日子，也去杜陵租房子，觉得有归属感。多年以后，他遇到一个姓韦的朋友，一个劲套近乎：

> 乡里衣冠不乏贤，杜陵韦曲未央前。
> 尔家最近魁三象，时论同归尺五天。

看到没，韦、杜两家，就是这么有来头。所以皇帝选禁卫军，喜欢从这两大家族的子弟里选。

韦应物同学托祖上的福，就是这样被选中的。当时他才十五六岁，一个顽劣少年能保卫伟大的玄宗皇帝，想想都令人羡慕。

玄宗狩猎，他们陪着；玄宗接见外国领导人，他们陪着；玄宗带杨玉环到华清池洗澡，他们……在门外候着。

多年以后，在一首《温泉行》里，他回忆了那段光辉岁月：

北风惨惨投温泉，忽忆先皇游幸年。

身骑厩马引天仗，直入华清列御前。

玉林瑶雪满寒山，上升玄阁游绛烟。

平明羽卫朝万国，车马合沓溢四廛①。

蒙恩每浴华池水，扈猎不蹂渭北田。

朝廷无事共欢燕，美人丝管从九天。

不必翻译，就算不理解全部意思，也能看出他当时有多风光。

这样的身份，家里藏个亡命徒，赌个钱撩个妹，警察敢抓吗？

这首诗记录的是公元748年的生活，当时的李白已经下岗好几年，高适即将当上县尉，杜甫还在为房租发愁，大名鼎鼎的王维，彻底开启隐士生活，在终南山"弹琴复长啸"。

诗坛的大佬们，没有人对这个小混混多看一眼，甚至，根本不知道他的存在。

彼时的大唐，一派歌舞升平，就像韦应物说的，"朝廷无事共欢燕"。如果一直这样，他很可能就这么混下去，临老做个不大不小的武官，从小混混变成老混混。

可惜，大唐"无事"才怪。

在北方，安禄山和史思明已经磨刀霍霍，对着长安吼叫：我们也"共欢燕"！

安史之乱爆发了。

---

① 廛（chán）：同廛，古代平民一户人家所占有的房地。

03

这天早晨，韦应物像往常一样，骑着他的宝马去上班。

进入官门，只感到人们神色紧张，步履匆匆，一片寂静中，似乎隐藏着惊天大事。

他下了马，吊儿郎当冲一个同事喊："嘿兄弟，帮我打个考勤。"

朋友一脸神秘，贴到他耳朵上："韦队，还打个毛考勤，要打仗了。"

"打仗？跟谁打？"

"安禄山呀。"

"兄弟淡定，伟大神武的皇帝陛下，一定会带领我们取得伟大胜利。"

"呃……皇帝陛下已经连夜跑了。"

…………

这里有必要提一下，安史之乱对诗人们灾难性的打击。

安史叛军从北方一路杀来，洛阳、长安相继沦陷。唐玄宗得到消息，身先士卒，带着亲信和杨玉环，连夜逃往四川。

叛军冲进长安，如恶狼闯入羊群，直奔那些"朱门""王孙"家去，金银珠宝用骆驼一车车运走。

没来得及跑的豪门子弟、官员家眷、李唐皇族的老弱，他们见一个杀一个，连婴儿都不放过。

那场战争有多惨烈，只看一场遭遇战就能知道。

长安边上，有个叫陈陶的小地方，四万政府军被杀得只剩几百人，惨得很。具体情况，请看战地记者杜甫从前线发来的报道——《悲陈陶》。

> 孟冬十郡良家子，血作陈陶泽中水。
> 野旷天清无战声，四万义军同日死。
> 群胡归来血洗箭，仍唱胡歌饮都市。
> 都人回面向北啼，日夜更望官军至。

寒冬十月，十个郡的好男儿，鲜血染红了陈陶。

战场平静下来，只留下四万士兵的尸体。

胡寇的箭上还滴着血，他们在长安喝酒唱歌庆祝胜利。

京城的百姓向北方痛哭，日夜盼望政府军来营救。

安史之乱持续八年，诗人们的日子很难过。

王维、储光羲被叛军抓了，王昌龄被一个刺史杀了，岑参走向战场，李白一不小心上了永王的贼船，被朝廷派兵讨伐，带兵的人，是他的好朋友高适。

杜甫穷困潦倒，天天逃难，小儿子也饿死了。

韦家是大家族，被洗劫一空。城南韦杜，只能吃土。大量韦家人，逃难去南方。现在广东、福建的韦姓人，很多都是当时的望族后代。

这成为韦应物心中永久的伤疤，多年以后，每次回首往事，他都一遍遍揭开：

> 弱冠遭世难，二纪犹未平。
> 羁离官远郡，虎豹满西京。
> …………

二十岁遭遇劫难，二十四岁犹未平息。我羁留在外地为官，家乡却叛军横行。

昔日那个"身作里中横"的纨绔子弟，曾听着"美人丝管""共欢燕"的浮浪少年，战乱来临，却经常连饭都吃不上。

在《温泉行》的结尾，他回忆了当时的惨状：

> 可怜蹭蹬失风波，仰天大叫无奈何。
> 弊裘羸马冻欲死，赖遇主人杯酒多。

我蹭蹬失势，仰天大叫也没用。我的马也病了，我穿着破大衣，差点冻死，幸亏遇到一个好心人，请我吃了一顿酒菜。

那顿酒估计把他喝醒了，他突然发现，自己誓死保卫的皇帝，把他们抛下，连个招呼都不打。几百年的家族荣耀，在乱军面前，能瞬间碎成渣渣。

我不能这样混日子了，我要改邪归正，好好做官，好好写诗。

向谁学习呢？

一番彻悟之后，韦应物想起两个前辈，一个是王维，一个是杜甫。人生的莫测和悲苦，交给王维；艰难的世道，让杜甫带路。

诗人身份的韦应物出现了。

04

众所周知，改邪归正其实挺难的，本性难移嘛。很多坏人的"改正"，往往是迫于现实压力的收敛。

但韦应物的"改正"，是彻彻底底，改头换面。可以说，唐朝诗人里，他是一个奇迹般的存在。

李白、杜甫、白居易这些大神，都是幼儿园时期就开始读书了，而韦应物拿起书本时，已经二十三岁。

想想看，一个"一字都不识"的文盲青年，要写诗得有多难，总得先认字吧。韦应物把自己关在家里，悬梁刺股，刻苦读书，"东邻姬"主动上门都装作没看见。

他还报了太学，进步飞快，快到让老师惊讶，"五道杠"都不足以表扬他。据班里的学习委员回忆，那个时期的韦应物"为性高洁，鲜食寡欲，所居焚香扫地而坐"。

无欲无求，焚香扫地。一个扫地僧，即将横空出世。

彼时，盛唐的大神们都一个个离去，公元770年，杜甫也走完了最后的生命历程。

曾经星光璀璨的盛唐诗坛，突然暗淡下来。

难道唐诗的香火要断了吗？

一道火花闪过，在扬州的扬子津上，客船中的韦应物点上了一炷香：

佛祖保佑，唐诗的香火不能断，还是我来吧。

那一天，他将要回洛阳，在码头跟一个姓元的朋友告别，一首《初发扬子寄元大校书》就诞生了：

> 凄凄去亲爱，泛泛入烟雾。
>
> 归棹洛阳人，残钟广陵树。
>
> 今朝此为别，何处还相遇。
>
> 世事波上舟，沿洄安得住。

朋友啊，我们要分别了，我去洛阳，君留广陵。

江上烟雨蒙蒙，只有远处的钟声和岸边的树影。

这次分开，不知此生能否重逢？

我们都像这波涛上的一叶扁舟，顺逆往复，我们都没有自由。

这估计是"亲爱"一词最早的用法。诗的含义，如果用古龙式表达，就是"人在江湖，身不由己"。

但这首诗并没有痛入骨髓的字眼，只是娓娓道来。王维的恬淡，杜甫的深情，融合在韦应物独有的诗境里，后人评价最准确的，是四个字：至浓至淡。

05

少年时期的古惑仔生涯，青年时期的家道中落，中年时期的官场沉浮，这些经历似乎在他身上发酵了。

四十多岁，韦应物做了滁州刺史，他的诗歌创作也迎来了巅峰期。

这一年深秋，韦应物突然怀念一位全椒的道士朋友，情到深处，却化作一首平淡如水的诗：

> 今朝郡斋冷，忽念山中客。
> 涧底束荆薪，归来煮白石。
> 欲持一瓢酒，远慰风雨夕。
> 落叶满空山，何处寻行迹？

我在滁州孤独寂寞冷，忽然想起山里的朋友。

你在山谷砍柴，又要煮白石头当饭吃了吧。

我很想带一壶酒，在风雨之夜去看你。

可是满山都是落叶，我去哪儿找你呢？

这首《寄全椒山中道士》，就一个字，"淡"。

淡得深情、淡得有烟火气。

王安石评价张籍，有一句话叫"看似寻常最奇崛，成如容易却艰辛"，用在韦应物身上也完美契合。

要是不信，请看最后一句，虽然题目说要"寄"，但他并不知道朋友的门牌号，甚至，他跟那个道士可能只有一面之缘，但他依然把人家当作朋友。什么样的友情，能让你给朋友写一首对方注定收不到的诗呢？我只想到一句话：君子之交淡如水。

还有第三句，或许有人要问，这不是抄的"我有一瓢酒，可以慰风尘"？别这么说，韦应物会不高兴的，因为这两句都是他写的。

端一瓢酒，慰藉在风雨中的朋友，是韦应物的爱好。

这首诗被后人看作韦应物的代表作，历朝历代，一致好评，什么"妙人妙语。非人意想所及"，什么"出自天然，若有神助"。

客观来讲，这些评价它担得起，至少苏东坡就非常推崇。

那一年，被贬到惠州的苏轼，也结识了一位道士，住在罗浮山，他也想给道士写信，估计当时正在吃荔枝，懒得构思，就老老实实交代，我要模仿韦应物。

于是，就写了这首《寄邓道士》：

> 一杯罗浮春，远饷采薇客。
> 遥知独酌罢，醉卧松下石。
> 幽人不可见，清啸闻月夕。
> 聊戏庵中人，空飞本无迹。

相比苏轼那些千古传唱的词，这首诗不算很好，也不算太差。可因为是模仿，诗评家们就不客气了。

大众评委说：都是道士，收到的诗差别咋就这么大呢？

专业评委说：韦应物是四两拨千斤，东坡是蛮力，太刻意，差远啦。

还有人问：苏老师，你不是喜欢白居易吗？

苏轼呵呵一笑，"乐天长短三千首，却爱韦郎五字诗"——我宣布对白居易脱粉，以后只爱韦应物。

"五字诗"是指五言诗，连苏轼都要模仿，是不是说明韦应物最好的诗，就是五言呢？

这么认为当然也可以，文无第一嘛。

但在我看来，韦应物最好的诗，是一首七绝。

06

这一年春天，仍然是在滁州，韦应物一个人到郊外散心。

那是一个山涧，溪水边花草丛生，黄鹂在树上歌唱，一阵春雨说来就来。

美，太美了。

那一刻，韦大人似乎真的"有神助"，一首叫《滁州西涧》的神作，夹在那场雨中，一起从天而降：

独怜幽草涧边生，上有黄鹂深树鸣。

春潮带雨晚来急，野渡无人舟自横。

嗅觉敏感的人，能从中读出陶渊明、谢朓和王维的味道，但它跟这三位田园诗前辈的风格又不一样。

这是属于韦应物风格的山水田园诗，恬淡，闲静，高远。

唐诗里不缺的是名山大川，是沧海明月，可是韦应物却把他最有诗意的文字，留给了这个滁州郊外的山涧。

那个曾经打马御街前，见识过琼林宴、骊山泉的少年，在声色犬马之后，终于看到了生活的本真。

没人留意的"幽草"，他来"独怜"；黄鹂的鸣叫，他听得见。春潮，晚雨，野渡，孤舟，这些原本寻常、原本无生命的东西，立刻鲜活起来，像一幅流动的画。

后两句，不管用什么语言，都几乎不可解读，因为它是纯粹的诗，言有尽而意无穷，是带着盛唐余音的诗。

可是，对好作品解读，是人的天性，爱之深，才会去研究它。

后代很多大咖，只要读到这首诗，都会默默地在心里给韦应物留一个席位。

有人说，这首诗"诗中有画"，很王维。

有人说，不，比王维的山水诗更清绝。

又有人说，别争了，"悠然意远，绝唱也"。

还有的人是解读狂，噼里啪啦一大堆，说"春潮带雨晚来急"，是暗示大唐风雨飘摇江河日下，"野渡无人舟自横"，是讽刺朝廷无人，小人得志。

不管怎么解读，大家有一个共识：韦应物也是一位大神。

到了明朝，文坛领袖宋濂更是把他提到陶渊明的地位，说，在"简淡"这个门派里，"渊明以来，盖一人而已"。

这是要跟王维、孟浩然撕破脸的节奏。

在大唐诗坛上，韦应物到底扮演了什么角色？让我们再次回到他的时代。

07

杜甫是盛唐诗歌最后的旗帜，他去世的前后几年间，有四个孩子刚刚出生，他们是韩愈、白居易、刘禹锡和柳宗元。

这四人尚未踏入诗歌江湖的二十年里，唐诗的天空不再光焰万丈，只有混沌长夜。

与韦应物同一时代的，是"大历十才子"。这其中，除了钱起的"曲终人不见，江上数峰青"，以及卢纶的几首《塞下曲》，诗坛少有像样的作品。

这一群中下层官僚文人，都刚刚经过安史之乱。对盛唐的追忆，战争的伤痛，折磨着他们的灵魂，他们"气骨顿衰"，诗的内容要么是歌咏升平，要么是凄然悲叹，格局气象，渐行渐窄。

用现代文学流派的说法，相当于战后文学，满满都是伤痕。

鲜衣怒马
少年时 2

韦应物的存在，像昏暗萧条的诗坛上，照进一束微光。这束光，是盛唐的余光，虽然微弱，却一直倔强地亮着。

一如他的诗，恬淡，安静，初看没有技术含量，没有气象万千。细看，却有一股高远气息，连接着远古的诗歌脉络。

微光闪闪，照出的是八个大字：改邪归正，传递香火。

战争的伤痛逐渐抚平，韦应物之后，不断有新人出现，孟郊来了，张籍来了，白居易、元稹、刘禹锡、柳宗元……纷纷摩拳擦掌。

中唐诗坛，满天星辉。

晚年的韦应物，是一个看透世事、心怀慈悲的老僧人。

做江州刺史，他是个工作狂，"到郡方逾月，终朝理乱丝"。

后来又做苏州刺史，看到百姓流亡，他惭愧得不好意思拿工资："身多疾病思田里，邑有流亡愧俸钱。"

退休后，他没有一点家产，跑到苏州的永定寺，吃斋念佛，耕田读书，走完了传奇的一生。

韦应物去世，是公元791年。

半个世纪后，到了晚唐，又一个大神出现。

他少年时期，一样放荡不羁，"骑马倚斜桥，满楼红袖招"；中年赶上黄巢起义，一样在乱世中流离，晚年登上相位，最后在异乡安静去世。

这个诗人，名叫韦庄，是韦应物的四世孙。

风雪夜归人

一辈子的山林生涯，
换来与这场风雪的默契。

大雪连下三日，黄昏时刻，仍旧纷纷扬扬。

芙蓉山上有片林子，此刻静得像一幅画。刘长卿用力拍几下驴屁股，小毛驴快跑起来，惊飞一群栖鸦。

冲出林子，刘长卿想起来了，眼前就是一幅画，像他在宫里见过的《雪溪图》。王摩诘真是丹青圣手啊，他忍不住感叹。可一瞬间，又连拍几下驴屁股，冷汗直冒。

身后林子里，已隐隐听得见马蹄声，乱糟糟，急促促，更多乌鸦从林子上空盘旋飞去。

追兵将近。

刘长卿看着疲惫的驴子，心灰了大半，前面没有路，也没有尽头，还能跑到哪里去呢。再看那头小毛驴，打死它也跑不快。看来，真要葬身在这荒山野地了。

仰天一望，雪落在脸上，北风吹来，果然是一个寒凉世界。他放慢脚步，准备听天由命。

"先生可是刘使君？"

顺着声音，看到面前站立一人，身穿齐膝麻布袄，头上的斗笠落满厚厚一层雪，小山包一样，俨然是个山村农夫。

刘长卿心中纳罕，勒住缰绳，拱手答道："正是。老汉如何认得在下？"

那老人也不回答，向前一步，"我能救使君。"

刘长卿又喜又惊，回过头望向林子，"那些可是官兵，三个人，都带弓弩横刀，老汉如何救得？"

老人手指远处山坳。"那里有一处茅屋，是我家，使君前去，躲进茅屋，不管外面发生什么，不可开门。"

刘长卿有几分相信，再次拱手："恩人贵姓？来日报答。"

老汉并不还礼，对答简促："姓赵。使君已经报答，莫要迟误，快快去吧。"

林子里马蹄声已清晰可闻，刘长卿用力拍一下驴子，在向前一射之地，拐过弯，下道坡，朝茅屋奔去。

02

茅屋低矮，又铺了厚厚一层雪，连屋顶白茅也盖得严严实实，若无人指点，黄昏雪天断断看不见。

刘长卿从驴背上下来，走在雪地，嘎吱作响。

一只黄狗从门口柴草堆里出来，狂叫几声，并无攻击之意，又钻进窝里去了。

门是柴门，虚掩着。这是盛唐遗风，夜不闭户。刘长卿推开门，牵着驴子进入小院。他不知道能否躲过这一劫，满脑子里，尽是愤愤不平。

两年前，他受朝廷任命，来到和州，成为这一带的转运使。水陆诸道，盐铁丝粮，数不清的赋税，都经过他的手运往两京。

这个官不好当，他是知道的。京城的上级，地方上的同僚，到处贪酷成风。税赋从农民到京城，每一环都有人中饱私囊。杜子美若是还在世，指不定会写出什么诗呢。

并且，这还不是最坏的。

去年冬天，掌管内库的宦官，不知道从哪儿弄来一批炭，据说原是西凉国进贡的。

这种炭呈条状，一尺来长，周身发青，坚硬如铁，烧起来有光而无焰，一条炭就能烧十天，热气逼人。他们管这个叫"瑞炭"。

好个瑞炭。那些宦官净顾着享受，顾着讨好皇帝，又不知从哪个术士嘴里听说，只有这芙蓉山上一种栎树最适合烧制瑞炭。由是户部下令，各农户除租赋外，另征瑞炭千斤。

岂知这瑞炭，烧制过程繁复异常，稍有瑕疵，官府即驳回另制，不过一冬，便搞得民不聊生。

奈何彼时宦官权势熏天，地方官们纷纷做了立仗马，几个胆大的也曾联名上书，可奏章尚未呈到御前，就莫名其妙被免职了。

刘长卿气不过，亲赴长安，跳过御史台，请求面圣。

这下可是太岁头上动了土，先是下来一道公文，将他革职查办。刘长卿不断上奏，刚直不屈，不想今日竟招来杀身之祸。

03

林子外，追兵已停在赵老汉跟前，三匹大马一字排开，马上三人皆全副武装，腰挂横刀，右手持弩，杀气凛凛。

中间为首一人眼窝深陷，胡楂粗短，左腮一道斜疤。他用弩朝雪地一指，口气如这寒风一样冰冷："刚有个骑驴子的，跑哪儿了？"

地上有驴子的蹄印，人的脚印，还有零星几处野兽足印。大雪从不掩藏。

赵老汉镇定自若，把手向茅屋一指："军爷莫不是说，刚才那位儒雅面皮的中年男子？嗯，就在下边茅屋里。拐几道弯就到。"

刀疤并不回应，打马便要前去。赵老汉忙道："前面转弯是道坡，旁边一条深溪都被雪填平了，军爷当心陷了马脚。"

刀疤略一沉思，道："那边你可熟悉？"

"那是老汉的家。"

"带路。"

赵老汉走在前面，一路小跑，低头尚能看到雪地上驴子的蹄印。不多时，一行四人便来到一个转弯处。

山回路转，眼前赫然一道陡坡。陡坡最高处，是一片平坦空地，空地上高高耸起一座四四方方的雪垛。

但凡第一次见到之人，定会认为这是一块巨石，如同天外飞来，煞是奇特。

刚走出雪垛十丈开外，赵老汉转身回头。"军爷稍等，老汉撒泡尿去。"

刀疤轻轻点头，表示同意。

赵老汉搓着手呵着气，慌慌忙忙朝雪垛跑去，来至跟前，解开腰间草绳，对着雪垛撒起尿来。

一阵北风吹来，夹着雪花，赵老汉浑身一阵哆嗦。提上裤子，右手向后腰一摸，便抽出一把柴刀来。

搭眼看去，那三个官兵还在坡下，他们并无一句交谈，冰冷肃杀，一如这风雪深山。

赵老汉手持柴刀，转身走到雪垛后面，随即传来两声沉闷的声响，砰——砰——

坡下三人听到声响，齐向雪垛望来，不禁满脸惊骇。

只见刚才那个雪垛——那个稳如大山的巨石，此刻竟四散开来，化作圆形石柱，千军万马一般，朝坡下滚来。

"快散开！是滚木！"刀疤瞬间明白过来，大喊一声。

可哪里还来得及。那些滚木有百根之多，根根匀称，笔直无旁枝，径约两尺，长一丈有余，借着陡坡，又逢雪地，三个官兵的马尚未动身，只听见几声惨叫，便如秋风中的落叶一般，纷纷倒地。

赵老汉握着柴刀，满头大汗，猫着腰，从山坡上走下来。那个雪垛，原是他和儿子砍伐的树。儿子做活细致，一根根码好，用粗绳扎住，大雪一盖，还真如雪垛一般。

他没想到，今日今时竟然派上了这般用场。

赵老汉两眼放光，一步步向前，看到一匹马挣扎着起来，惊慌无主地向山坡下跑去，另外两匹，一匹躺在坡路上低声呜咽，一匹倒在路旁小溪里，身上压着圆木，了无生气。

两个官兵也倒在地上，身上横三竖四都压着圆木，雪地上一片血红，就算不死也动弹不得了。

赵老汉继续寻找为首的刀疤，左推右翻，不见踪影。

"嗖"的一声，赵老汉听得真切，并不是风声，下意识一摸肚子，一根弩箭已死死钉在小腹。

他"扑通"倒地，身下晃眼的白雪，也一点点变红。

04

刘长卿眼前没有颜色，一片漆黑。

此刻他已躲进茅屋，关上门，不敢点灯。窗户上连窗纸都没有，只盖着一层茅草，风灌进来呼呼作响。

他想起幼年时父亲逼他习字作文的情景，曾发下宏愿，读圣贤书，做父母官，在艰难的世道里，守冰心一片。数九寒天，毛笔上冻，家里没有洗砚池，只有母亲给他准备的一个陶盆。

那盆漆黑的墨水，曾是他的甘露，如今看来，竟是不见底的深渊。

他已隐隐猜到，那三名追杀他的官兵，背后是何人指使。他对政坛黑暗早有耳闻，只是没想到他们竟会杀人灭口，堂堂朝廷命官都不免遭此毒手，可怜那些蝼蚁小民啊。

"狗屁盛世，狗屁清平。"

刘长卿暗骂起来。进门时的那个疑问再次萦上心头，这个赵老汉为什么救自己？看来盛世遗风尚在，慷慨悲歌的侠士还是有的。可是……等等，仗义救人也罢了，他如何认得我呢？

他回想着刚才赵老汉的相貌，不过是个普通的山民村夫，没甚特殊，也不曾在哪里见过，倒是老汉身上那股倔强和淳朴，格外亲切。

刘长卿拼命思索着——从两年前到这一带上任，经手的事，有交集的人，一件一件，如翻书一般。突然浑身一震，一拍脑袋，想起一个人来，"难道是他？"

不能再躲下去了。不管是不是他，一个老汉舍命相救，我岂能像老鼠一样躲躲藏藏。那些贪官才是老鼠，是硕鼠。我不能也做鼠辈。

刘长卿摸出火镰，想点上屋中油灯，找一件称手的家伙。

05

不知过了多久，赵老汉摸摸伤口，血都冻住了，冷啊。

他抓起一把雪，塞嘴里嚼起来，又把箭杆掰断，衣服一裹，压低斗笠，从遮挡的两根木头上抬起头。

夜是黑的，雪是白的，人躺在雪地里格外分明。赵老汉向远处望去，十几丈开外，两根木头压着一个人，还在动。

他未及看清，又是"嗖"的一声，对方再放一箭，正射在他的斗笠上。幸好这一箭被斗笠一挡，掉在地上。

赵老汉心里一惊，连连叫险，看来这人是刀疤无疑了。箭法如此了得，当是上过战场的老兵。

雪已经小下来，风却愈加呼啸，这等天气里冻一夜，都得死。赵老汉左右观察片刻，取下斗笠，将它背在身上，像一只乌龟，朝着刀疤的左侧爬去。

他爬下路面，爬过小溪厚厚的积雪，像是围绕着刀疤转圈。双手一并伤口，似乎都被冻得没了知觉。周围静得可怕，除了风声，只剩他的喘气声。

在一根木头旁，他折转方向，竟然朝刀疤爬去。身后雪地上有断断续续的血迹，像是木炭燃烧将尽时的残火。

在离刀疤只有一丈远的一根木头旁，他终于停下来，翻过身，躺平，调匀呼吸，再次取下斗笠，口朝上，装了满满一斗笠的雪。

做完这些，他竖起了耳朵。

他听见林子方向的夜鸮声，听见自己的心跳声，听见刀疤急促的喘息声，甚至，还隐隐听见了弩机嘎吱嘎吱的紧绷声。

但他毫不在意这些。他只想听到风声，猛兽狂啸般的风声。

他在等风。

他把脸贴着地，双目炯炯，盯着雪面。雪珠越滚越快。一辈子的山林生涯，换来与这场风雪的默契。

大风起了。

赵老汉手持柴刀，端起斗笠向刀疤扑去，半空中双手一扬，顿时形成一片雪幕，随即举起柴刀，狠狠砍下去。

刀疤先是眼前一片灰白，眼睛还未睁开，持弩机的手便猛受一刀。弩机掉落一旁，又是一片血红。

风雪依旧，四目相对。

刀疤身上还压着两根木头，只剩半条命，口气却没弱："你是谁？我们素无冤仇，怎的起这歹心？"

赵老汉站在雪里，两眼直愣愣，树桩一般，说道："咱俩确实无冤无仇，可你们要杀刘使君，便与我有仇。"

"我们也是受人指使，军令在身，不敢不从。"

"你们是朝廷的鹰犬，当然会从。"

"你是刘长卿的同谋！"

"同谋？呵呵。"赵老汉冷笑一声，"刘使君到现在还不认得老汉呢。"

"那你到底为何下杀手？"

"为何！为了复仇！为了道义！为了告诉你们的狗官，天道尚在！"

刀疤已经气若游丝。柴刀砍的伤并不致命，致命的是那些滚木，他在西域军中攻城时，多次见过这种恐怖场景。木石落城，蝼蚁不生。

此刻，他五脏六腑仿佛碎裂一般，只剩一口气吊着。"只可惜老子没死在大漠，却莫名其妙……死在你这田舍奴手里，我死不瞑目……来吧，痛快给老子一刀。"

赵老汉却扔下柴刀，眼中怨恨暗淡下去，缓缓说道："世事都有因果。别说什么死不瞑目。军爷或许是上好健儿，可惜，好料用错了地方。就跟军爷身上这木头一样，又沉又密实，原是造车建屋之材，却偏有人要烧成木炭。还叫什么瑞炭。"一边说，一边手捂伤口，缓缓坐倒在地上。

苍山皑皑，冷风萧萧。

06

刘长卿费了好大力气才点着油灯，端起来，向山墙走去。

墙是泥土混着茅草垛成的，横七竖八，挂着各种工具。刘长卿取下一把柴刀，掂量再四，正称手。

刚要开门，却见茅屋正中的条几上，整整齐齐供着两块灵牌，一个上写"赵门周氏之灵位"，一个上写"故男赵如意之灵位"。

刘长卿心头先是一阵寒意，随后却一阵感慨。

是了，一切都对上号了。

去年这个时节他上奏朝廷，痛陈瑞炭之弊，就是缘于那场请愿事件。

彼时凡征收瑞炭之地，莫不怨声载道。于是，本处山民大量聚集，先是在县府，后波及州府，民怨汹汹。

这原本是一场可以消弭的赋税事件，没承想宦官集团竟给州县施压，派出官兵，大肆搜捕，以聚众滋事为由，抓捕百十号人。

前去抓捕一位里正时，他恰好不在家中，官兵便抓住那家的老妪和儿子，一齐下狱，三五日后，竟死在牢中。县府出具公文，说是暴病身亡，可下葬时乡民们都看见了，死者母子，皆是遍体鳞伤，分明是被毒打致死。

那位里正安葬好妻子，便深居简出，经常一进山就是一两个月，常不见人。

没错，刘长卿全想起来了，这个被他写进奏折里的可怜的里正，便是姓赵，乡民呼作赵五爷。

一阵狗叫声，将刘长卿拉回现实。

狗一叫，就有人来。

赵五爷来，生；官兵来，死。

死则死矣。刘长卿略一沉思，走向那面土墙挥刀便刻，尘土未定，已提刀出门。

油灯闪烁，墙上字迹凌厉可见，题曰：逢雪宿芙蓉山主人。

诗曰：

> 日暮苍山远，天寒白屋贫。
>
> 柴门闻犬吠，风雪夜归人。

韦庄：唐诗守门人

少年韦庄并没有「弦管送年华」，
而是读了很多书，
他坚信不管盛世乱世，
是人才总有逆袭的一天。

01

公元903年，距离杜甫写出"国破山河在"已过去近一百五十年。

距离李商隐的"夕阳无限好，只是近黄昏"，也已有五十来个年头。

此时的大唐一片暗夜，即将走完它光辉的一生。

这一年，成都浣花溪畔，一个老者来到一座旧宅子里，残垣断壁，杂草丛生。随从告诉他，这里就是杜甫草堂。

老者泪眼婆娑，在堂前的石头上呆坐良久，幽幽说道："韦蔼呀，简单修葺就行，我要住在这里。"

这个叫韦蔼的，是老者的弟弟，他向前一步，说道："哥，朝廷又给咱府里修了一座花园，专门请的洛阳工匠……"

话未说完，老者挥手打断道："不必说了，我意已决。只有杜拾遗，才能把我带到诗歌的殿堂。"

"哥，那你诗集的名字……"

老者沉思片刻。"既然在浣花溪畔，就叫……"

弟弟快速抢过话："对，叫《浣花洗剑录》。"

老者一口老血喷出来，斥道："剑剑剑，剑你个头啊，叫《浣花集》！"

这个老者，就是当时的四川军区首席参谋，名叫韦庄。

02

韦庄一生写过很多诗，《浣花集》存录的只是很小一部分，其余的都已遗失，但这足以让他跻身唐诗殿堂，被后人膜拜。

不巧的是，大家印象中的韦庄，主要还是《花间集》里那个风流浪荡的情种。

这不怪我们，谁让《花间集》里净是绮丽柔魅呢，谁让他跟温庭筠组CP呢。一个人最出名的作品，往往会被人们看作他的全部。韦庄以花间词派成名，当然也沾染了花间的脂粉香气。

我们不妨看看他广为流传的金句。

比如他最著名的"我的江南女友"系列，词牌叫《菩萨蛮》，是这样写的：

> 人人尽说江南好，游人只合江南老。
>
> 春水碧于天，画船听雨眠。

> 垆边人似月，皓腕凝霜雪。
>
> 未老莫还乡，还乡须断肠。

又

> 如今却忆江南乐，当时年少春衫薄。
>
> 骑马倚斜桥，满楼红袖招。
>
> 翠屏金屈曲，醉入花丛宿。
>
> 此度见花枝，白头誓不归。

还有："红楼别夜堪惆怅，香灯半卷流苏帐。残月出门时，美人和泪辞。"诸如此类。

这些词都表达了一个意思：江南水好酒好姑娘好，离开那里我好后悔。

你看，韦庄一点也不伪装。

众所周知，在晚唐，词相当于地摊文学，处于鄙视链末端。写文章的看不起写诗的，写诗的看不起写词的，尤其描写秦楼楚馆的词，一直被人吐槽。

即便到了南宋，尽管已经见识过苏轼的豪放派，词的内容和境界大大拓宽，但是这类词依然处于边缘化，陆游就说过《花间集》：你们这些词人啊，都天下大乱民不聊生了，还有心情喝酒撩妹，太无聊了。

原话叫："方斯时，天下岌岌，生民救死不暇，士大夫乃流宕如此，可叹也哉！或者出于无聊故耶！"

真的是这样吗？

如果韦庄活到南宋，一定会对陆游还击回去的，"红酥手，黄滕酒"，呵呵。

那么，真实的韦庄，到底是什么样的人？

让我们从头说起。

03

韦庄的四世祖是韦应物，没错，就是写"春潮带雨晚来急，野渡无人舟自横"的那位。

在初唐盛唐，韦家跟杜家门第并列，有"城南韦杜，去天尺五"之说，都是名门贵族。

可到了韦庄这一代，韦家早已没落，就像被抄家后的贾宝玉。贵族身份给他留下的唯一好处，就是读书。

韦庄的少年很悲催，首都长安的祖宅早没了，直系亲属里也没有当大官的，在京城生活不下去，就跑到河南去了。

可当时的大唐气数将尽，藩镇割据的恶果终于到来，手握重兵的军阀们，都在忙着搞独立上市。

乱世之中，百业萧条，朝不保夕的阴影笼罩在每个人头上。于是，在大唐这艘巨轮沉没之前，人们能做的就是及时行乐，过一天算一天，一派末日狂欢景象。

韦庄后来在回忆里写道：

"人意似知今日事，急催弦管送年华。"

大唐快完了，但韦庄的人生才刚刚开始。

无数个日夜，少年韦庄并没有"弦管送年华"，而是读了很多书，他坚信不管盛世乱世，是人才总有逆袭的一天。

只是他没想到，逆袭之路竟然会如此之长。

如果唐诗界要评一个资深复读榜，韦庄一定能进前十，他具体落榜过几次，史料没有记载，可能是次数太多了。

四十四岁那年，韦庄再一次"顺利"落榜，成为"京漂"。

不过在历史上，这一年最有名的落榜生不是韦庄，而是一个生猛的角色，名叫黄巢。

没过多久，黄巢起义军攻破长安，说好的不扰民政策，也被乱军无视，各种烧杀抢掠，天下大乱。

韦庄离开长安，逃往洛阳，开启了流浪模式。这段时期，他基本是一边在各地幕府做临时工，一边读书写诗。

写什么诗呢？

韦庄心里，再次浮现出那个伟大的名字——杜甫。

04

读韦庄的诗，跟他的词风格迥异。

他的词通俗直白，很美，写的是生活。而他的诗，则是记录时代，写的是生命。

在多年流浪生涯里，韦庄每到一处，都能写出好诗，从诗风到内容，都在向杜甫致敬。

在洛阳，他写了《洛阳吟》：

> 万户千门夕照边，开元时节旧风烟。
> 宫官试马游三市，舞女乘舟上九天。
> 胡骑北来空进主，汉皇西去竟升仙。
> 如今父老偏垂泪，不见承平四十年。

大唐再也没有开元盛世了，黄巢之乱就像当年的安史之乱，唐僖宗也跟当年的唐玄宗一样，仓皇逃往成都避难。四十年了，没见过太平。

在南京，他写了《上元县》：

> 南朝三十六英雄，角逐兴亡尽此中。
> 有国有家皆是梦，为龙为虎亦成空。
> 残花旧宅悲江令，落日青山吊谢公。

止竟霸图何物在，石麟无主卧秋风。

上元即今天的南京，大意是说：在这里建功立业的南朝英雄们，不管是龙是虎，现在都是浮云。江淹、谢安只留下坟墓，江山无主，秋风萧瑟。

在《过扬州》里，他上半段写道：

当年人未识兵戈，处处青楼夜夜歌。
花发洞中春日永，月明衣上好风多。

然后话锋一转：

淮王去后无鸡犬，炀帝归来葬绮罗。
二十四桥空寂寂，绿杨摧折旧官河。

那个大厦将倾的李唐王朝，那些伟大的都市，都在韦庄笔下，涂上萧索破败的末日色彩。

家国都这样了，是不是不必科举了？

不是的。

这期间，韦庄还一直在积极备考，然后落榜，再考，再落榜。直到公元894年，韦庄终于高中进士。这一年，他五十八岁。

一个年近花甲的老头，能有什么作为？算了，打发他去外地吧。

韦庄刚到吏部报到，就被朝廷派往了成都。

出发之前，他再一次看着被战火蹂躏过的长安，赋诗一首：

> 满目墙匡春草深，伤时伤事更伤心。
> 车轮马迹今何在，十二玉楼无处寻。
>
> ——《长安旧里》

长安辉煌不再，连十二玉楼都毁了。

这些诗，如果你细看，处处有杜甫的影子。

人生就是这样，有心栽花花不开，无心插柳柳成荫。长安的玉楼没了，成都玉楼依旧。

这场原本不被看好的成都之行，却阴差阳错，成为韦庄最好的归宿。

05

成都，一个韦庄命中的贵人正在那里求贤若渴，他就是西川节度使，名叫王建。

到任没多久，韦庄就被提拔为掌书记，相当于一把手秘书。出谋划策，军事财政，什么事都参与。

韦庄多年的苦读，终于派上用场。

彼时，黄巢起义军已经领了盒饭。平乱过程中，各地军阀突然发现，原来朝廷这么弱鸡！既然那个姓黄的盐贩子都敢称帝，我为什么不能！

一个个喊声在李唐大地上响起：打倒老大哥！

公元904年，唐昭宗被朱温杀掉。三年后，朱温逼迫唐哀帝禅位，自己称帝，建立后梁。牛气冲天的大唐，走完近三百岁的生命，成为历史旧风烟。

乱糟糟的五代十国开始了。

其中的大蜀，创始人正是王建，史称"前蜀"。

掌书记韦庄同志，也顺理成章，一跃成为大蜀宰相。

这个一辈子沉沦下僚的诗人，终于搞了一件大事情。

按照古代标准，一个文人经过苦读，步入仕途，最终进入朝廷核心，成为一国宰相，这是个完美的结局。他人生的高光时刻，可以就此定格。

但在我看来，成为开国宰相，并不是韦庄的大手笔。历史车轮滚滚向前，多少帝王将相，终究烟消云散。何况，那个躲在大乱世西南一隅的前蜀，在史册上的分量，并不能与大唐相提并论。

这是诗歌的王朝，诗人韦庄，比宰相韦庄更应该被后世记住。

再回到前蜀建立前夕，也就是本文开头的公元903年。

在弟弟韦蔼的协助下，《浣花集》大功告成，杜甫的老宅也修葺一新。

又一个深夜，弟弟叩开韦庄的大门。"哥，书成了，那首诗真不录进去吗？"

韦庄一声叹息，摇摇头道："不录了，不录了。"

"哥，那可是大手笔啊，百年之后见了杜拾遗，那可是最好的见面礼啊。"

沉默，寂静。

韦庄再次摇头，关上大门，转身躲进书斋。这一唐诗江湖上的大手笔，就此失传。

一个世纪又一个世纪，一个朝代又一个朝代，这首诗一直压在中国诗歌的旧仓库里，残破不堪，堆满尘埃，不被世人所知。

直到一千年后的公元1900年，敦煌莫高窟16号窟打开，它被英国人斯坦因装进大车，运回欧洲。

又过了二十年，王国维对着日本学者的手抄卷反复考证，终于让这一中国诗歌史上的丰碑，重见天日。

没错，它就是《秦妇吟》。

06

这首诗有多厉害呢？

这么说吧，提起长篇叙事诗，我们能想到杜甫的"三吏三别"、白居易的《长恨歌》《琵琶行》，这些诗都很长，最长的《长恨歌》八百四十字，很多同学一说要背诵全文，真是有长恨的心情。

《秦妇吟》呢？更长，一千六百多字。在它面前，所有长篇都是短篇。

当然，一首诗的价值，不能用字数来衡量。《秦妇吟》是不是好诗呢？让我们回到它诞生的历史现场。

话说，黄巢起义军攻破长安，韦庄逃难到洛阳。在这里，他遇到一个同样从长安逃难来的女人。这个女人姓甚名谁，历史没有记载，因为她来自秦地长安，所以只能称她为"秦妇"。

这首诗记录的，就是这个秦妇的真实经历。

诗太长了，不能全录，我摘几段精彩的，看完就知道它好在哪里了：

> 中和癸卯春三月，洛阳城外花如雪。
>
> 东西南北路人绝，绿杨悄悄香尘灭。
>
> 路旁忽见如花人，独向绿杨阴下歇。
>
> ·············

开头就交代时间、地点和人物：唐僖宗中和三年（883），阳春三月，在洛阳城外，韦庄遇到这位漂亮的长安女子——秦妇。

她见韦庄"同是天涯沦落人"，于是开始诉说她被黄巢军困在长安三年的经历：

> 扶羸携幼竞相呼，上屋缘墙不知次。
> 南邻走入北邻藏，东邻走向西邻避。
> 北邻诸妇咸相凑，户外崩腾如走兽。
> 轰轰崐崐乾坤动，万马雷声从地涌。

黄巢军进城，大家东躲西藏，仓皇逃窜，哭声震天，整个长安地动山摇。

> 家家流血如泉沸，处处冤声声动地。
> 舞伎歌姬尽暗捐，婴儿稚女皆生弃。

乐府诗的特色是通俗易懂，哪怕千年后的我们读来，依然没有太多隔阂。"家家流血""处处冤声"背后，我们能感受到这次事件的性质，这不是战争，是屠杀。

死者是惨死，生者如舞伎歌姬、婴儿孩子，不方便逃跑，只能被抛弃。他们的命运可想而知。

> 东邻有女眉新画，倾国倾城不知价。
> 长戈拥得上戎车，回首香闺泪盈把。
> 旋抽金线学缝旗，才上雕鞍教走马。
> 有时马上见良人，不敢回眸空泪下。

东邻那个漂亮姑娘，被起义军掠到战车上，带回军营，缝军旗，学骑马打仗。在路上看到自己老公，都不敢打招呼。

> 西邻有女真仙子，一寸横波剪秋水。
> 妆成只对镜中春，年幼不知门外事。
> 一夫跳跃上金阶，斜袒半肩欲相耻。
> 牵衣不肯出朱门，红粉香脂刀下死。

西边邻居家小姑娘，长得漂亮，起义军半裸着身子要强暴她。她拼命抵抗，被一刀砍死。

> 南邻有女不记姓，昨日良媒新纳聘。
> 琉璃阶上不闻行，翡翠帘间空见影。
> 忽看庭际刀刃鸣，身首支离在俄顷。
> 仰天掩面哭一声，女弟女兄同入井。

南边邻家的女儿，刚定了亲，躲在深闺，却被闯进来的乱军砍头了，她的姐妹们不愿受辱，一同跳井自杀。

> 妾身幸得全刀锯，不敢踟蹰久回顾。
> ············
> 旧里从兹不得归，六亲自此无寻处。

> 一从陷贼经三载，终日惊忧心胆碎。
>
> 夜卧千重剑戟围，朝餐一味人肝脍。

我（秦妇）侥幸活下来，家破人亡，胆战心惊。在黄巢军中，身陷重围，还跟他们一起吃人肉。

为什么吃人肉呢？因为：

> 四面从兹多厄束，一斗黄金一升粟。
>
> 尚让厨中食木皮，黄巢机上刲人肉。
>
> 东南断绝无粮道，沟壑渐平人渐少。
>
> 六军门外倚僵尸，七架营中填饿殍。

朝廷围城剿匪，粮道断绝，城中粮食比金子都贵。

起义军那个叫尚让的宰相都吃树皮了，黄巢的餐桌上也端上了人肉。饿死的百姓、叛军填满沟壑。

> 昔时繁盛皆埋没，举目凄凉无故物。
>
> 内库烧为锦绣灰，天街踏尽公卿骨！

昔日繁华的长安，什么都没了。宫里满是锦绣珍宝的库房烧成灰烬，朱雀大街上，遍地贵族公卿的尸骨。

看到这里，如果只是控诉黄巢起义军，维护李唐统治，那么韦庄充其量是个忠臣、好人，还称不上有伟大人格。

诗里最具思想性的，是后面秦妇谈到的一个老翁的遭遇。这个老翁是个小地主，他先后经历了黄巢乱军和政府官兵。

过程是这样的：

> 乡园本贯东畿县，岁岁耕桑临近甸。
> 岁种良田二百廛，年输户税三千万。
> 小姑惯织褐绝袍，中妇能炊红黍饭。
> 千间仓兮万丝箱，黄巢过后犹残半。

我（老翁）是本地人，家里有屋又有田，是纳税大户。成千上万计数的粮仓、丝绢，在黄巢军抢掠过后，还剩下一半。

> 自从洛下屯师旅，日夜巡兵入村坞。
> 匣中秋水拔青蛇，旗上高风吹白虎。
> 入门下马若旋风，磬室倾囊如卷土。
> 家财既尽骨肉离，今日垂年一身苦。

可是，自从政府军来到洛阳，开始没日没夜地搜刮。

他们手持秋水剑、青蛇剑，扛着白虎旗，像旋风席卷而来，家里积蓄被一扫而光。现在我家破人亡，只剩一把老骨头了。

政府军不比黄巢乱军好多少，甚至更残酷。

古代中国历次改朝换代，都是这个德行，唐朝也不例外，与其说黄巢起义是致命一击，不如说它本身已经烂到骨子里了。

多年积压的社会矛盾，总有爆发的一天。黄巢，这个没有显赫家族、没有财团支持，也没有文坛地位的盐贩子、落榜生，之所以能一呼百应，足以说明当时社会矛盾的尖锐。

07

这就是《秦妇吟》的价值，它跟杜甫的"三吏三别"一样，是时代纪录片，是"诗史"。

官方史书里没有的细节，这首诗里写得清清楚楚。

诗词大家俞平伯说，它"不仅超出韦庄《浣花集》中所有的诗，在三唐歌行中亦为不二之作"。

即便放在杜甫的"三吏三别"之中，放在白居易的《秦中吟》《长恨歌》《琵琶行》之中，《秦妇吟》也毫不逊色。

还有人认为，《秦妇吟》的价值是超越唐朝的，应该放在整个中国诗歌史上，与《孔雀东南飞》《木兰诗》同等段位，叫"乐府三绝"。

再回过头看韦庄，他还只是那个"骑马倚斜桥"的花间派二当家吗？

后世研究唐诗的学者，一般把唐朝分成四个阶段，各有千秋。

在我看来，初唐如一位少年，混沌初开，天真烂漫，四杰的诗歌尽管不能尽善尽美，却透出一股少年人的英气，一扫南朝的陈腐，给唐诗开了一个好头。

到了盛唐，李白、杜甫、王维、王昌龄他们，如同二十多岁的青年，去除诗歌的幼稚气，刚健雄浑，用纯粹的文字，把诗歌推上顶峰。

中唐的元白韩孟们，如同人到中年，现实的残酷，生活的艰辛，让他们不再天真，代之以成熟务实，负重前行，像个沉稳的父亲。

晚唐是个迷幻的时代，苍老的，靡丽的，风格杂陈。如果三百年大唐是一场诗歌吟唱会，那么晚唐就是这场吟唱会的尾声。

舞台上不再有重头戏，宴席上只剩下小菜、残酒，人们收拾东西，准备离席。

就在此刻，韦庄带着他的《秦妇吟》登场了。

骆宾王在《帝京篇》里的居安思危，卢照邻《长安古意》里骄奢的贵族，杜甫的"朱门酒肉臭，路有冻死骨"，白居易笔下可怜的卖炭翁，以及李商隐"可怜夜半虚前席，不问苍生问鬼神"的一声暴喝，此刻，韦庄的《秦妇吟》似乎在一一回应。

长安长安，三百年，沧海桑田。

韦庄，不仅是宋词的开门人，还是唐诗的守门人。

李煜：梦里不知身是客

厉害的怀古诗从来不止怀古，
还会埋下后世的韵脚。

朱雀桥边野草花，乌衣巷口夕阳斜。

旧时王谢堂前燕，飞入寻常百姓家。

这首《乌衣巷》写于中晚唐交会之际。刘禹锡沿着秦淮河，走到乌衣巷，斜阳芳草，燕子低回，金陵王气不再。乌衣巷口，尽是烟火气息。

他或许不曾想过，厉害的怀古诗从来不只怀古，还会埋下后世的韵脚。

一百五十年后，公元975年的金陵，一丝微弱的王气也正在黯然收场。

故事的主角，是那个叫李煜的男人。

这年的十一月二十七日，半夜，金陵城门外火光通明。李煜走在队伍前，光着上身，"肉袒"出降。在他身后，是四十多名家族成员和重要臣僚。男人全部"肉袒"，女眷只穿素服。

南唐国主以最卑微的姿态，表达一个降臣的诚意。

天亮之后，又下起了雨。在隆冬的冰雨里，李煜和他的家眷臣子们被押上大宋的战船，走向生死未卜的汴梁城。

从南唐建国到他出城投降，只有三十九年。李家打下的江山，北起安徽南部，南到江西、福建，有三千里国土。

多么美丽的江南啊。

现在，它们都属于赵家了。

在投降仪式之前，李煜爬上官殿的高楼，最后一次俯瞰金陵。黑夜中，火光星散，人心惶惶。金陵繁华依旧，只是被黑夜笼罩。

他向留下的官员们叮嘱再三，要安抚百姓，好好做大宋的子民。又来到李家宗庙，伴着教坊司演奏的哀乐，跪在列祖列宗牌位前一顿痛哭。他的嫔妃们、歌女们也抱作一团，哀号不绝。

来到汴梁，这个不久前还是南唐国主的天才词人，正式开始他的臣虏生涯。个中辛酸，都写在他的《破阵子》里：

> 四十年来家国，三千里地山河。
> 凤阁龙楼连霄汉，玉树琼枝作烟萝。
> 几曾识干戈？
> 一旦归为臣虏，沈腰潘鬓消磨。
> 最是仓皇辞庙日，教坊犹奏别离歌。
> 垂泪对宫娥。

"沈腰"是南北朝沈约的腰，瘦了；"潘鬓"是魏晋潘岳的鬓角，白了。这一年李煜三十八岁，却跟他的南唐国一样，迅速老去。

金陵那些朱门大户的堂前燕，再次飞入百姓家。

02

让李煜光着膀子投降的，是大宋的最高军事将领，名叫曹彬。

在宋朝，乃至明清两朝的帝王眼里，曹彬都是可遇不可求的将才。

自从加入赵匡胤的创业团队，曹彬就开足了马力。平后蜀，伐北汉，灭南唐，南征北战，功勋赫赫，成为大宋的开国元勋。

曹彬的威望不只因为战功，还有他的为人。别的将领攻陷一城，忙着屠杀，复仇，忙着抢美女抢金银，只有曹彬，忙着搜集山川水文资料。他的行装里，没有金银珠宝，唯一的战利品只有书籍。

宋军兵临金陵城下，曹彬先让将领们发誓，城破之日，不可滥杀一人。又传话李煜，为了不伤及百姓，希望李煜主动出降。

一个宅心仁厚，一个温文心慈，金陵城这才以最小的代价，温和易主。

曹彬以战功、为人，得到了赵宋王朝的最高荣誉，枢密使、节度使、检校太师，直至被封为鲁国公……荣耀等身，是如假包换的出将入相。

曹彬死后，他的第三子曹玮子承父业，镇守西北。招降党项，钳制吐蕃，大名鼎鼎的三都谷之战，让大宋的西北门户稳定了几十年。"三都谷路全师入，十万胡尘一战空"，曹玮，是名副其实的大宋战神，西北的定海神针。

曹玮死后，朝廷给他的谥号是"武穆"。要知道，宋朝另一位"武穆"，要等一百年后才出现，那个人叫岳飞。

似乎是家风熏陶，曹家子弟也个个不俗。曹玮的兄弟们，曹璨、曹珝、曹玹、曹玘、曹珣、曹琮，不是京城禁军将领、节度使这类武官，就是中高层文官。

到曹家第三代，又出了一个显赫的女人。没错，就是宋朝最有名的曹皇后，她的爷爷是曹彬，父亲是曹玘。

曹皇后历经宋仁宗、宋英宗和宋神宗三代皇帝，从皇后做到皇太后，又成了太皇太后，宫中平过暴乱，朝堂上垂帘听政，一生宽厚节俭，慈爱敦厚，大有祖风。

为国操心之余，还顺手救下乌台诗案中的苏轼。

王安石这个刺头，自负而决绝，很少有他看得上的人，但提起曹家，他也不得不一键三连："（曹玮）公为将几四十年，用兵未尝败衄，尤有功于西方……（吐蕃、契丹）多惮公，不敢仰视。"

这就是曹家。

"世家忠勋，列在盟府"的曹家，"今天下言诸侯王世家者，以曹为首"的曹家。

此时的曹家，门楣之上，尽是红光。

03

暂且搁下历史，让我们穿越到小说世界。

在《红楼梦》里，贾府的门楣上也金光闪闪，"正门之上有一匾，匾上大书'敕造宁国府'五个大字"。

敕造，就是奉皇帝的诏令而建。走进荣国府，来到贾政的正房，是"一个赤金九龙青地大匾，匾上写着斗大的三个大字，是'荣禧堂'"。这是皇帝的手书。

红楼笔法影影绰绰，但贾府的发家史，依然有迹可循。在焦大醉骂那一回，通过尤氏之口交代得很清楚。

"太爷们出过三四回兵"，在死人堆里逃出生天，没水喝，差点喝马尿，才"九死一生挣下这个家业"。

贾家的发家史，也是军功。

此后论功封爵，贾府开始赫赫扬扬的百年荣华，朝廷恩宠，名门结交，他们的亲家圈、同僚圈，横跨政治和财政。

贾母和她丈夫是第二代，彼时正是贾府的巅峰，到了贾政是第三代，势力已减。可是皇恩浩荡，一件天大的喜事又降临贾门——元春加封贤德妃。

于是大观园造起来，省亲别墅建起来，贾府再次鲜花着锦，烈火烹油。

可惜，彩云易散琉璃脆，荣辱周而复始，一如冷子兴的冷眼旁观，现今的贾府，"主仆上下安富尊荣者尽多，运筹谋划者无一"。

　　唯一有危机意识的秦可卿，还早早亡故，沉浸在富贵享乐中的贾家子孙，没有一个是靠谱的。

　　他们都不知道，在不远的未来，命运已经打算收回它的眷顾。

04

　　李煜以臣虏身份被软禁在汴梁城的时候，一定也在感叹命运的无常。

　　原本，他是不会成为国主的。

　　李煜父亲李璟继位时，曾对他的爷爷发过誓，将来的皇位要传给兄弟，也就是李煜的叔叔。

　　时值五代十国大乱世，传位给年长的兄弟，是非常理性的一招。可是人都有私心，传给兄弟哪有传给儿子好。

　　李璟又不缺儿子。

　　李璟到底有几个儿子，史书记载已经模糊，反正至少能凑两桌麻将的。李煜在兄弟当中排行第六，他的大哥叫李弘冀。

　　李弘冀性格沉稳，行事果决，自带大哥气质，他曾经驻守镇江，大败吴越国，立下赫赫战功。

　　又是大哥，又有战功，当然是太子人选。

　　况且李煜上头还有四个哥哥呢，不管怎么说，李煜都与皇位无关。

可是人生处处有意外。

先是他前面的四个哥哥全部夭折，李煜进身老二。李弘冀因为性格强势，跟老爹李璟开始产生矛盾。李璟一气之下，想到自己还曾发过一个誓言，就对李弘冀说，信不信我废了你的太子之位，让你的叔叔做皇帝！

李弘冀当然信。他相信叔叔可以做皇帝，他也相信，一个死掉的叔叔做不了皇帝。

他略施小计，给叔叔喝下一碗"一日丧命散"。太子之位，拿捏得死死的。

命运之神再一次现身，还唱了一首《好了歌》：正叹他人命不长，哪知自己归来丧。

李弘冀还没看清龙椅的花纹，就暴病而卒。

太子之位，就这样阴差阳错扣在李煜头上。

一个不想当皇帝的人当了皇帝会怎样？当然是放飞自我。

王国维在《人间词话》里说李煜，"生于深宫之中，长于妇人之手"，这就是李煜的成长环境。

这个毫无机心的赤子，表面上是南唐的国君，其实他对统治艺术世界更感兴趣，绘画、书法、音乐样样精通，书法上有名的金错刀笔法，创始人就是李煜。

唐玄宗和杨玉环的《霓裳羽衣曲》已经失传百年了，李煜和他的皇后愣是把它复活了。

李煜的内心，是隐士和吟士的结合体。

　　浪花有意千重雪，桃李无言一队春。一壶酒，一竿身，世上如侬有几人？

　　一棹春风一叶舟，一纶茧缕一轻钩。花满渚，酒盈瓯，万顷波中得自由。

他这两首《渔父》，诸位品品，哪有一丝帝王气。三千里地山河，好处不过是可以到处钓鱼。

　　晚妆初了明肌雪，春殿嫔娥鱼贯列。笙箫吹断水云闲，重按霓裳歌遍彻。
　　临风谁更飘香屑，醉拍阑干情味切。归时休放烛花红，待踏马蹄清夜月。

——《玉楼春》

这是李煜在宫中的生活。夜晚降临，嫔娥们化好晚妆鱼贯而入，歌舞跳起来，美酒喝起来。尽兴而归，令随从熄灭烛火，因为他要欣赏美丽的月色了。

真个是六朝金粉地，温柔富贵乡。

至于国事，打打杀杀攻城略地啥的，李煜不感兴趣。为什么要你死我活呢，大家各过各的日子不行吗？

有大臣跟他拍桌子，公开diss他，李煜也不生气：爱卿啊，你说得很好，朕知道了。

他真的不是做皇帝的那块料，也真的对权力无感。他是一个艺术家，一个诗人，只是碰巧，被命运一把推到了龙椅上。

05

曹家看透命运无常，是在多年以后。

到了南宋，辛弃疾无处望神州的时代，曹家已经式微。

"君子之泽，五世而斩"的铁律再一次得到印证。曹家后人中出了一个叫曹咏的家伙，拼命巴结秦桧，跟秦桧结了姻亲。他还大玩文字狱，钻营献媚，节操都不要了。要知道，他的祖宗曹彬、曹玮还供在赵宋家的太庙里呢。

秦桧去世后，靠山倒塌，曹咏背着一张长长的清单，走向岭南流放地，他的家族成员也全部被贬。曹家自此熄火，湮没于史册。

千古兴亡多少事，不尽长江滚滚流。

五百年后，曹玮的后人中，有一支已经迁居到东北的辽沈平原。这一家有个小伙子，叫曹振彦。

此时的曹家已是平头百姓，饭桌上连一碗锅包肉都没有，天天吃泡菜。更悲催的是，他很快就连泡菜也吃不上了。

一支满人的骑兵正在攻城，城破之后，曹振彦面前是血淋淋的大刀。

曹振彦：你瞅啥?

骑兵：瞅你咋的。

曹振彦：没事，我就问问。

骑兵：小伙子有前途，加入我们吧。

曹振彦：我是大明的子民啊。

骑兵：别扯犊子了，崇祯那货正在找绳子呢。

曹振彦：包吃包住不?

骑兵：全包，还包衣呢。

就这样，曹振彦做了大清的正白旗包衣奴才。

有必要解释一下"奴才"两个字。在清朝说起奴才，跟我们现在的词义区别很大，当时的"奴才"没多少贬义，反正皇帝之下全是奴才。

事实证明，曹振彦这个包衣奴才果然有前途。他跟随清军打仗，很快建立了军功，清军入关之后，他又被派往山西，做过大同府的知府。

官越做越大，也越来越受宠，到他晚年，做到了两浙都转运盐使，曹家又一轮的荣华富贵，正式开始。

曹振彦有个儿子，叫曹玺，年轻时在北京内务府当差。这个神奇的机构，远比我们想象中庞大，简单来说，就是专门管理皇家事务的官署。

不过，让曹玺平步青云的不只老爹的军功，还有他媳妇的奶水。关于这个女人的名字，历史已经无考，我们只知道她姓孙。

这位孙小姐一生中最值得炫耀的事情，就是给一个叫玄烨的婴儿做过乳母。后来，玄烨有了一个更著名的称呼，叫康熙。

曹振彦死后，曹玺子承父业，开始掌管大名鼎鼎的江南织造。是的，熟悉《红楼梦》的朋友早猜出来了。

曹玺有个儿子叫曹寅，曹寅有个孙子，叫曹雪芹。

可以说，曹寅和康熙，是吃同一处奶源长大的，他从小就混迹官中，是康熙的玩伴和伴读书童。我怀疑金庸写韦小宝的时候借鉴过这段历史，但我没有证据。

曹寅长大后，当然也是子承父业，接过曹玺手里的江南织造。

整个康熙一朝，曹家都在烈火烹油中度过，祖孙三四代人，要么是江宁（现南京）织造，要么是苏州织造，要么就是两淮巡盐御史。另一个杭州织造，是曹寅举荐的亲戚。

在《红楼梦》里，曹雪芹给世家大族们各自安排了产业，薛家是皇商，林家是巡盐御史。王家凤姐说："我爷爷单管各国进贡朝贺的事，凡有的外国人来，都是我们家养活。粤、闽、滇、浙所有的洋船货物都是我们家的。"

神神秘秘的江南甄家，更是"好势派"，皇帝数次南巡，"独他家接驾四次……别讲银子成了土泥，凭是世上所有的，没有不是堆山塞海的……"

这些家族，都有现实中曹家的影子。

除了执掌织造局、盐政，曹家还为朝廷采办铜业，办理洋货外贸，康熙最得意的《全唐诗》编撰，也交给曹寅牵头。

康熙六次南巡，有四次是曹家接驾。曹玺去世时，康熙亲自登门吊唁。第三次南巡，康熙见到孙老太太，说出那句让曹家子孙傲娇一辈子的话："此吾家老人也。"

当然，在曹家所有产业中，最著名的还是江宁织造。整个康熙一朝是六十一年，曹家的织造生涯是六十五年，其中的五十七年，都在江宁织造任上。

历史转了一大圈，曹家的富贵乡，依然围绕着金陵。

时也，运也，命也。

在《宋史》上，记载着先祖曹彬的一个趣事。他刚满周岁时，父母在席子上放了一堆东西让他抓周：

"彬左手持干戈，右手持俎豆，斯须取一印，他无所视。"

俎豆代表祭祀用的礼器。干戈、俎豆、印章，对应的是战功、诗礼和仕途。

曹彬无愧先祖与子孙，给曹家后人开了一个好头。

巧了，在《红楼梦》里，贾宝玉也抓过周。

鲜衣怒马

少年行2

06

冷子兴演说荣国府，对贾雨村说起宝玉：

"那年周岁时，政老爹便要试他将来的志向，便将那世上所有之物摆了无数，与他抓取。谁知他一概不取，伸手只把些脂粉钗环抓来。"

老爹大怒，对宝玉做出了一个判断：

"将来酒色之徒耳！"

宝玉是不是酒色之徒得另说，但就他的表现看，嫌疑还是有的。

跟李煜一样，宝玉也是生于深宅之中，长于妇人之手，从小受尽宠爱。苦读、仕途什么的，在他眼里都是狗屎。

他就想做个富贵闲人。

"纵然生得好皮囊，腹内原来草莽。"既生在这花柳繁华地，温柔富贵乡，不能辜负命运的恩赐。跟姐姐妹妹们做做胭脂，写写诗词，听听曲文才是正事。

这要求过分吗？原本不过分。可惜贾家子弟都不争气，宝玉同学也跟李煜一样，是被推到宝座上的。

政老爹日日训斥，你要读书，要守礼，要结交权贵，学习官场之道，日后扶贾府大厦之将倾，就靠你了。

宝玉太难了。

或许在怡红院的某个月夜，他也会吐槽一下老爹：大厦要倒了，你们老一辈都不顶，凭什么让我顶？你不也是个"诗酒放诞"之人吗？

小说过半，贾府已经捉襟见肘，最有钱的王熙凤都开始典当首饰了，贾母爱吃的红稻米，也"一点儿富余也不能"了，宁荣二公也敲响棺材板，"异兆发悲音"了。

连不食人间烟火的林妹妹，都拿起了账本：

"咱们家里也太花费了，我虽不管事，心里每常闲了，替你们一算计，出的多进的少，如今若不省俭，必致后手不接。"

宝玉的回答是：

"凭他怎么后手不接，也短不了咱们两个人的。"

贾府的接班人，大公子，根本不关心钱的事，他真的只想当个富贵闲人。可是他忘了，月有阴晴圆缺，没人能永保富贵。

前八十回里，贾府最后一个中秋节已经略显清冷，男人们睡觉的睡觉，喝酒的喝酒，赌博的赌博，没人想过明年的中秋还能不能再团圆。

只有外人史湘云当头一喝：

"社也散了，诗也不作了。倒是他们父子叔侄纵横起来。你可知宋太祖说的好：'卧榻之侧，岂容他人酣睡！'"

史湘云或许没有意识到，宋太祖说这句话的对象，正是李煜。

鲜衣怒马
少年时2

07

从登基那天开始，李煜就学会了游戏规则。

他写下谦逊的公文送给赵匡胤，只称国主，不称皇帝。大宋不让他用帝王礼仪和规制，他不用。不让他跟别的小国搞外交，他就跟他们划清界限。

他年年给大宋纳贡，倾尽一国之财，老赵家过个生日，他都送上厚礼，还用大宋的年号。

他小心翼翼，瑟瑟发抖，一直向大哥表忠心——只要让我保留祖上的这片土地。

金陵失陷前夕，李煜最后一次派出使者，前往汴京求和。赵匡胤龙颜震怒，按着剑说出这场游戏的最高规则：

"不须多言，江南亦有何罪？但天下一家，卧榻之侧，岂容他人鼾睡乎！"

我怀疑宋太祖当时正在读《三体》，在《三体》里，这句话还有另外一种表达：

"毁灭你，与你何干！"

南唐灭亡了，不是因为野心，不是因为有威胁，更不是因为挑衅，只是大哥看不惯你鼾睡。

金陵城破，李煜踏上开往汴梁的战俘船，开始悲惨的臣虏生涯。出发之前，曹彬好心提醒李煜，趁着他的家产还没有造册充公，能拿多少是多少，接下来要过穷日子了。

李煜正沉浸在亡国的悲痛中，没有意识到钱的价值，只简单收拾一下就上船了。到汴梁后，他成为几个亡国之君中最穷的一位。

命运总是这样，夺走你一样东西，往往会赏赐你另一样东西。李煜失去了南唐国的宝座，却正在登上词坛的帝位。

此后，他的词作一改往日的金粉气，也跳出了晚唐花间词的小格局，以一己之力，把伶工之词变成士大夫之词。

杜甫沉郁顿挫，白居易通俗，李商隐细腻，他们都成为这位词帝的"帝王师"。

他在凄雨冷风中感叹人生长恨：

> 林花谢了春红，太匆匆。无奈朝来寒雨晚来风。
>
> 胭脂泪，相留醉，几时重。自是人生长恨水长东。
>
> ——《相见欢》

他在月夜高楼上愁思郁结：

> 无言独上西楼，月如钩。寂寞梧桐深院锁清秋。
>
> 剪不断，理还乱，是离愁。别是一般滋味在心头。
>
> ——《相见欢》

想当初，江河是"浪花有意千重雪"，是"万顷波中得自由"；明月是"归时休放烛花红，待踏马蹄清夜月"。

现如今，江河是无情之物，只顾奔流东去，从不在乎人的长恨。明月是凄凉的大网，只添万般离愁。

佛说："风未动，旗也未动，是人心在动。"

李煜一生向佛，倾尽一国财力大建庙宇，乞求佛祖保佑。大宋安插进来的"小长老"，李煜奉若神明，为他修建一千多间僧舍，衣食供应，暮鼓晨钟。

佛还说："一切有为法，如梦幻泡影，如露亦如电，应作如是观。"

就在他的金陵帝王州，秦淮河畔的酒家里，还挂着杜牧的诗文："南朝四百八十寺，多少楼台烟雨中。"

如是观来，几成谶语。

这些佛学奥义，李煜从来没有参透。或许，只是不愿面对。

曹家亦如是。

08

公元1712年，是康熙五十一年，曹家的转折点来临。

这一年，在金陵和扬州奔波的曹寅病重，康熙收到消息，关切万分。他在给曹寅的朱批中写道：

"今欲赐治疟疾的药，恐迟延，所以赐驿马星夜赶去。"

聊完送药正事，康熙像个慈祥的兄长，不厌其烦地向曹寅交代用法与药量，结尾处是一连四个"万嘱"。这样带有浓烈私谊的君臣关系，充满康熙和曹家的书信。

可惜，天恩再浩荡，也抵不过天命。这年七月，曹寅病逝。

康熙又让曹寅的儿子曹颙（yóng）"继承父职"，继续执掌江宁织造。可是意外再次发生，曹颙接手才一年多，也暴病而卒，死时才二十出头，他还是曹寅唯一的儿子。

康熙仍然没有抛弃曹家，没有儿子了？好办，朕给你找一个。于是康熙下旨，把曹寅的侄子过继给曹寅，让他继续掌管江宁织造。

这个过继来的儿子，叫曹頫（fǔ）。

如果没有意外，曹頫也会像他的父亲、祖父和曾祖父一样，成为皇帝的心腹，执掌国家最有油水的产业，锦衣玉食，赫赫扬扬。

可是该来的终究会来。

公元1722年，康熙驾崩，雍正即位。

一朝天子一朝臣。这位宫斗大高手上位后就开始大清算，先把九子夺嫡的事情收尾，其中的八阿哥允禩、九阿哥允禟比较顽固，雍正将他们软禁，后来莫名其妙死在狱中。

年羹尧、隆科多这些大将军、顾命大臣，也一个个悲惨收场。朝中各个部门的核心大臣有四十五位，雍正料理了三十七位。

高处不胜寒，这场政治清洗很快轮到曹家。

历史上常有一个神奇现象，每当皇帝想收拾一个人，总会出现举报他的奏章。这一年，雍正也收到一封这样的奏章：

"访得曹頫年少无才，遇事畏缩。织造事务交与管家丁汉臣料理。臣在京见过数次，人亦平常。"

雍正在这封奏章上批示有两句话：

"原不成器。""岂止平常而已！"

公元1728年，曹頫在担任江宁织造十五年后，终于被革职。与他同时被革的，还有曹家的世交，杭州织造孙文成，以及曹寅的大舅哥，苏州织造李煦。

《红楼梦》里说，四大家族向来一荣俱荣，一损俱损。多么痛的领悟！

至于革职理由，当然是亏空。织造局从一开始就不赚钱，而是皇家的服务机构，只有投入没有进项。康熙之所以把两淮盐政也交给曹寅，就是为了补织造局的窟窿。

显然，这个窟窿一直没有补上。四次接待康熙南巡，"把银子都花的淌海水似的！"还有应付各种亲王大臣的索取，当真是大有大的难处。

革职之后，紧接着就是抄家。

江宁织造衙门所属的万寿庵门口，立着两只五尺高的镀金石狮子，这是九阿哥允禟送给曹家的礼物。这个曾经令人艳羡的家族荣耀，如今却被视为勾结罪臣的证据，成为家族灾难。

在《红楼梦》里，柳湘莲说："你们东府里除了那两个石头狮子干净，只怕连猫儿狗儿都不干净。"

现实比小说更残酷，连石狮子也不干净了。

主持对曹家抄家工作的，是一个叫隋赫德的新宠，他接替了曹家的江宁织造大权，以及曹家的财产。在他上报给雍正的奏折上，这次抄家收获颇丰：

"……房屋并家人住房十三处，共计四百八十三间。地八处，共十九顷零六十七亩。家人大小男女共一百十四口。"

为什么把人口也列在抄家清单上呢？因为家仆也是财产，可以变现。江南寒风起，楼台烟雨中。同时被抄的，还有与曹家关系密切的地方富豪和地方官。

或许是看在曹家祖上立过大功的分上，雍正并没有赶尽杀绝，允许曹家保留在北京的一处小住宅。

曹頫以罪臣身份，带着家眷，离开温柔富贵乡，来到京城过活。赫赫扬扬的曹家从此没落。

曹頫不会想到，此刻他那个年幼的儿子曹雪芹，多年后将会让曹家再一次闻名于世，不过是以另外一种形式。

就像李煜一样。

09

李煜的臣虏生活惨不忍睹。

他昔日的大臣，已经穿上了大宋的官服，春风得意，动不动就找李煜打秋风，给得少就摆脸色。

新皇帝赵光义又坏又变态，对李煜的小周后极尽凌辱，还命宫廷画师现场画下来。

不过，即便这等屈辱的日子也没过多久。公元978年七夕节，赵光义终于玩腻了，羞辱够了，赐给李煜一壶下了牵机药的毒酒。

李煜喝完，身体像大虾一样蜷作一团，在万分痛苦中死去。

临死之前，似乎冥冥中有某种召唤，李煜让他的妃子唱了一首曲，那是他一生命运的注解：

> 帘外雨潺潺，春意阑珊，罗衾不耐五更寒。
> 梦里不知身是客，一晌贪欢。
> 独自莫凭栏，无限江山，别时容易见时难。
> 流水落花春去也，天上人间。
>
> ——《浪淘沙》

生在帝王家，被命运推向宝座，又被命运打入囚牢，当真一场大梦。

曹彬那个叫曹咏的不肖子孙，在秦桧倒台后流放蛮荒，收到一篇骂他的文章，名叫《树倒猢狲散赋》——"桧树"倒了，猢狲就散了。

曹寅牢记祖宗教训，时刻警醒，经常对朋友说：

"'树倒猢狲散'，今忆斯言，车轮复转！"

《红楼梦》里，秦可卿给王熙凤托梦，在临终遗言里也说：

"如今我们家赫赫扬扬，已将百载，一日倘或乐极悲生，若应了那句'树倒猢狲散'的俗语，岂不虚称了一世的诗书旧族了。"

大树终究是会倒的。

现实中，曹雪芹在落魄中长大，当过低级小卒，卖过字画，吃过救济，"举家食粥酒常赊"，家中长辈希望他苦读走正道，参加科举重振家业，但他对八股文深恶痛绝，也无心官场。他的身体里，只有文人的血液。

这才有了"潦倒不通世务，愚顽怕读文章"的贾宝玉。

《红楼梦》最后，贾府被抄家，宝玉失去一切，从锦衣玉食的公子哥，沦落成"寒冬噎酸齑，雪夜围破毡"的乞丐。

他终于看透命运的无常，悬崖撒手，皈依佛门。如同一晌贪欢后，大梦惊醒。

李煜、曹家、贾家，虚实同此凉热。

只是山门之外，青山依旧，白云悠悠，"乱烘烘你方唱罢我登场"的故事一直循环上演，白茫茫大地，净了又脏，脏了又净。

苏大神的读书秘诀

『确实都厉害，只是……

苏轼写文章，从来不查书。』

01

经常有人问，你文章里那么多史料，是怎么读书的？

我要说用眼睛读，估计有脱粉风险，所以还真思考过这个问题。读书有没有秘诀，值得拿出来讨论一二。

前些年看过一种观点，说自从改革开放以来，国人净忙着赚钱，都不爱阅读了，阅读能力逐日退化。

近两年又说，互联网把全民带进娱乐化时代，大家没耐心读书了。

这两种理由看似能解释得通，但细想一番，总觉得不是问题根源，说的好像全怪科技。

以我有限的阅读范围来看，读书这事，从来就没轻松过。

中国人可称得上最会读书的民族，"万般皆下品，唯有读书高"，历朝历代，书声不断。照理说，这事传承两千多年，早该琢磨出经验了。

可是并没有。历史上那些学霸、大神，看他们的读书经历，也是各种狼狈不堪。

李白"三拟《文选》，不如意，悉焚之"；

白居易读书，搞得口舌生疮，一手老茧，眼睛还散光了；

韩愈"焚膏油以继晷，恒兀兀以穷年"，边吃饭边读书，把墨块都吃了；

杜牧是"第中无一物，万卷书满堂"；

李贺……为了大家的生命安全，李贺读书法就不推荐了。

最夸张的是那个张籍，竟然把杜甫的诗烧成灰，拌着蜂蜜喝下去。大概是觉得诗圣的文字，就是圣水。这方法也算是震古烁今了。

在《红楼梦》里，不管是贾宝玉，还是甄宝玉，都恨不得把书烧了（当然，言情文学《西厢记》除外）。甄宝玉说得好："必得两个女儿伴着我读书，我方能认得字……不然我自己心里糊涂。"且不说这法子有没有用，单单成本，我们都读不起了。

以此来看，爱读书的是小众，不爱读书才是常态。不知道孔夫子他老人家把文章写成一条一条，活像现在的朋友圈，是不是考虑到人们都不爱阅读？

既然说到秘诀了，也不能净给大家泼冷水。

要在古人圈里找个读书的学习对象，我就建议苏轼。

02

从一个故事说起吧。

苏轼一生，除了短暂的吏部尚书生涯，翰林学士是他的最高官职，其最重要的工作内容，是帮皇帝写诏书。

他去世后第二个年头，朝廷来了一位姓洪的翰林学士，相当于苏轼的继任者。

洪翰林上任后，非常傲娇。这容易理解，在古代，一个文人能帮皇帝起草诏书，可不只能吹一辈子，子孙三代都能接着吹。所以，这位洪翰林突然就觉得他已经跟苏轼一个层次了——苏大文豪能干的事，老子也能干。

于是有一天，在写完某篇诏书之后，看着洋洋洒洒的雄文，洪翰林信心爆棚。

正好那位曾经给苏轼研过墨的老官人在旁，洪翰林把笔一扔，问道："我跟苏轼，谁的文章厉害？"

老官人情商非常高，忙说："都厉害，都厉害！"

洪翰林更加得意，道："别客气哦，说说区别。"

老官人又把文章扫视一遍。"确实都厉害，只是……苏轼写文章，从来不查书。"

从——来——不——查——书！

几大滴汗从洪翰林脸上流下来，滴在那一摞厚厚的参考资料上。

　　不常写作的人，可能很难体会，从来不查书意味着什么。很多领域的写作，都需要查询大量资料。我写这篇小文，都查了两本书。

　　皇帝诏书是最高级别的公文，要求非常严谨，不能出一点错，措辞还要典雅，一般人真写不来。苏轼一生写过八百道诏书，竟然从不查资料，是不是有点不可思议？

　　这么说吧，就算老官人夸张了一点，但总体上大差不差，因为苏轼就是一个行走的书柜。

　　我们说苏轼是全才，大多是指他在诗、文、书、画方面样样精通。其实远远不止，在他的文章里，天文地理，美食佛学，无所不包，更奇葩的是，他还写过医书。

　　当苏粉儿很累的，你都跟不上他的节奏。

　　再结合他老爹苏洵、老弟苏辙，这很容易让我们猜想，苏家是不是有什么读书秘诀。不然，概率上说不过去呀。

　　真相恐怕让大家失望了。

　　老苏家非但没有秘诀，他们的读书方法，甚至是笨拙的。

（03）

　　这个读书的笨方法，就是抄书。

　　没错。

　　有个朋友来找苏轼，在客厅等了很久，苏轼才从书房出来，说：

"不好意思，我刚做完日课。"

朋友问："什么日课？"

苏轼说："抄《汉书》。"

这位朋友也像我们一样，表示不信："开什么玩笑？你苏东坡不是过目不忘嘛，你不是坡仙嘛，怎么会用凡人的方法？"

苏轼把书打开，确实每段都有抄。

他解释说，读第一遍，每段抄三个字；读第二遍，每段抄两个字；读第三遍，每段抄一个字。

这很像我们现在的读书笔记，提炼，概括，似乎并没什么。

但深入一想就厉害了。要知道，这时的苏轼已经四十五岁，正在黄州度过他的贬谪生涯，人生低谷，那是写"一蓑烟雨任平生"的阶段，竟还有心情抄书！

并且，你以为《汉书》他只读了这三遍吗？

千万别被他骗了。早在青年时期，他就已经把《汉书》全文手抄两遍，读书练字两不误。

具体的方法，用苏轼自己的话说，就是："吾尝读《汉书》矣，盖数过而始尽之。如治道、人物、地理、官制、兵法、财货之类，每一过专求一事。不待数过，而事事精窍矣。"

像《汉书》这种大部头，不能漫无目的地读，每次读都要带着明确的问题，一次只专注于一件事。这些细分问题都弄懂了，书自然就读透了。

如果把一个个问题比作一个个敌人，当一个人拿起书，就是八面受敌。最好的办法，不是一通乱打，而是逐个击破。所以，苏轼把这种读书法，叫作"八面受敌"。

我严重怀疑，苏轼肯定研究了赵宋开国的经验，敌人再多，不着急，一个一个解决。最后，卧榻之侧就没有一人鼾睡了。

想起曾国藩向兄弟子侄分享读书方法，一本书没看完，不要读下一本，所见略同。

当然，这个方法只是让读书更高效，并不算捷径，读书仍旧是件辛苦事。我们在苏轼的文字里，总是看到他到处劝人读书。

他劝子孙们抄书，"侄孙宜熟前后汉史及韩柳文""仍手自抄为妙""儿子比抄得《唐书》一部，又借得前汉欲抄。若了此二书，便是穷儿暴富也"。

他劝朋友读书："故书不厌百回读，熟读深思子自知。"

连皇帝也不放过，"臣等幼时，父兄驱率读书，初甚苦之……"然后话锋一转，"陛下上圣，固与中人不同……亦须自好乐中有所悟入"。

陛下啊，读书本来就是苦的，我小时候也一样……您虽然很聪明，也得好好读书呀。

04

可能有人会说，苏轼是嗜书如命，什么书都爱读。

其实不是。少年苏轼跟我们普通人一样，爱读书，但有时候也讨厌读书，"初甚苦之"，简直不能更同意了。

他老爹苏洵也一样，"苏老泉，二十七。始发愤，读书籍"。说明苏洵也在相当长的时间里不爱读书。

到苏轼出生，苏家的读书氛围已经形成，用他的话说就是"门前万竿竹，堂上四库书"。由此看来，苏家或许有过短暂的阶段，一个不爱读书的父亲，逼着两个娃往死里读。

"我昔家居断往还，著书不暇窥园葵。"

这是苏轼的回忆，小时候在家读书，没时间和小伙伴玩，连菜园子都没空去。

"舟行无人岸自移，我卧读书牛不知。"

不仅在家里读，外出放牛时也带上书。

光读还不行，还得考试。

苏洵既当老爹，也当老师，经常批评苏轼、苏辙两只神兽。以至于苏轼年过六十，都当爷爷了，还经常在梦中惊醒，摆脱不了被考试支配的恐惧。

他在《夜梦》里写道：

夜梦嬉游童子如，父师检责惊走书。

计功当毕春秋余，今乃始及桓庄初。

怛然悸寤心不舒，起坐有如挂钩鱼。

…………

大意是：

午夜醒来，想起童年的读书经历。当时贪玩，老爹一检查读书进度都心惊肉跳。

要我读完整本《春秋》，才粗读到桓公庄公那篇。

我太害怕了，像一条挂在钩子上的鱼。

…………

看到这里，我就放心了。似乎还能听到苏辙的跟帖：哥，我梦到了案板。

不过，从后来的事情看，这些书都没白读，苏家兄弟还真都成了鱼，跳龙门那种。

⑤

当时的北宋，正在搞各种改革。

文坛盟主欧阳修站在讲台上，喊出了他的文坛改革计划：要打造一个背诵默写天团……哦，不对，是文风改革天团。写文章，不要好看的皮囊，只求有趣的灵魂。文以载道，直面现实。

他还搬出两位前辈大神，一个是韩愈，一个是柳宗元，号召天下士子，"韩柳"就是榜样。

宋仁宗拿出御笔，在文件上写了一个大大的"准"字。

在这个指导方针下，文人们针砭时弊，谏言献策，舆论空前自由。就是在这样的文坛红利期，苏轼登场了。

那一年，父子三人从四川眉山出发，来到首都汴梁，参加科举。苏轼以一篇《刑赏忠厚之至论》交了考卷。

顺便说一句，在唐朝初期，科举考试的试卷曾经提出过要糊名，但关系户太多，后来不了了之。此后整个唐朝，考生们都需要拼爹拼爷爷，到处干谒。

宋朝大大改进，不仅糊名，考生交卷后，还得先由专门人员誊抄一遍，再拿给主考官看，防止从字迹上徇私舞弊。到了殿试环节（皇帝亲自主持），为了防止考题外泄，皇帝还会临时改变考题。在当时要想作弊，几乎不可能。

苏轼的考卷收上来，主考官欧阳修和梅尧臣一阵点赞，真是好文啊，这是要火的节奏。欧阳修拿起笔，就准备给评个第一名。

可是好不巧，欧阳老师内心戏太多，转念一想：这样好的文章，别人怎么写得出来，肯定是我的学生曾巩写的。要是给自己的学生评第一，别人怎么看我？不行，要避嫌，给个第二吧。

于是，原本稳拿第一的苏轼，得了第二名。

在这篇文章里，苏轼为了论证他的仁政观点，讲了一个论据，说上古的尧帝时期，大法官皋陶一连三次要杀一个人，而尧帝三次赦免他。

欧阳修觉得这个论据太牛了，但不知道出自哪里，也不敢轻易问，我一个文坛盟主，竟然不如你一个二十岁的小子读书多？

于是他各种查资料，许多天过去了，还没查到。终于忍不住找到苏轼：小苏同学啊，你那个典故，在哪本书上看的？

苏轼嘿嘿一笑说：我编的。

…………

如果是一个古板老师，肯定要对苏轼一通批评了：祖宗没做过的事，怎么能编呢，龙不吟虎不啸，小小书童可笑可笑……

但欧阳修没这么做，他对媒体说了这么一句话：

"此人可谓善读书，善用书，他日文章必独步天下。"

似乎这样还不过瘾，欧阳修在各种场合都给苏轼站台：

"读轼书，不觉汗出。快哉！快哉！老夫当避此人，放出一头地。"

又说："更三十年，无人道着我也！"

三十年后，世人将只知苏轼，不知道我这个老盟主了。

欧阳老师没有猜错，他死之后，苏轼真的接替他的盟主之位，成为新一代盟主。

慧眼识珠的除了欧阳修，还有宋仁宗。

殿试过后，宋仁宗对曹皇后说："我为赵家子孙找到了两位宰相（还有苏辙）。"

鲜衣怒马
少年时2

06

不小心扯远了，说回读书的事。

大家发现没有，苏轼读书法，看起来很笨，很古板，但运用起来，一点都不古板。读书读到"事事精窍"的程度，已经不是知识的积累，而是方法论的成熟。

于是我们看到的苏轼，是有趣的，通达的，从不人云亦云。

王安石变法，从原来的政策之辩，发展到最后的党派之争。而苏轼是难得的独立思考者，很少被环境带着跑偏。

他反对过王安石，也反对过司马光，原则就一条，实事求是。这在千年以前的宋朝非常可贵。

对宋词的创新也是这样。

当时的文坛是"诗庄词媚"，词是没地位的，是"艳科"，文人们私下写写，只当消遣。

苏轼就不按常理出牌，谁说写词就媚艳？

"会挽雕弓如满月，西北望，射天狼。"媚吗？

"大江东去，浪淘尽、千古风流人物。"艳吗？

词，这种原本的地摊文学，愣是被苏轼做出了大文章，时人纷纷拜服，"词在东坡，一洗罗绮香泽之态……举首浩歌，超乎尘埃之外"，"新天下耳目"。

苏轼一生，因为读书多，思辨能力强，对朝政有各种批评，吃过大亏也本性不改。

　　他的朋友里，除了文坛名流、政界大腕，还有和尚道士、村妇农夫、书生小贩，什么人他都能聊得来。

　　在地方做官，搞水利工程，鼓励商业。最奇葩的是，还出台过禁止弃婴的法律，建孤儿院，搞自来水系统。

　　在他身上，看不到古代读书人的迂腐、僵化，他真像个现代人。

　　这时候回过头，再看他的读书方法，貌似笨拙，其实只有这样才能把书吃透，才能像欧阳修对他的评价一样——"善用书"。

　　大智若愚，大巧若拙。读书想找捷径的念头，快点断掉。

　　最后，用一句说了也没用，但还是想说的鸡汤结尾吧。

　　前文看到苏轼抄书的那位朋友，很受触动，后来经常教育后辈：

　　"东坡尚如此，中人之性，岂可不勤读书邪？"

　　这是一句现在流行的话：

　　苏轼这样的聪明人都在苦读，你我资质平平，还不好好读书？！

王安石：一个技术型CEO的翻车

大老板宋神宗向全体员工和
股东发出公开信，
《我们做了一个艰难的决定》：
罢免王安石。

公元1050年的北宋，岁月承平。

某天早晨，大宋集团的内部OA（办公自动化系统）上，一首小诗在密集的信息流里一闪而过，没人注意到它。

一是这首诗只有二十八个字，在文章和曲子词盛行的时代，它实在单薄。诗是这样写的：

> 飞来峰上千寻塔，闻说鸡鸣见日升。
> 不畏浮云遮望眼，自缘身在最高层。

作者也是个小人物，宁波一个二十九岁的小县令，名叫王安石。

这首《登飞来峰》，是他回江西老家，路过杭州灵隐寺有感而发。雄心万丈，锐气逼人。

在年轻的王安石眼里，众人都是弱鸡，一切都是浮云，他一定会站在大宋帝国最高层。

彼时的大宋，有两种截然相反的底色。

在民间，经济发达，繁华无二。

这一年，杭州一个叫柳永的小官员，正在构思他的《望海潮》：

> 东南形胜，三吴都会，钱塘自古繁华。
>
> 烟柳画桥，风帘翠幕，参差十万人家。
>
> 云树绕堤沙。怒涛卷霜雪，天堑无涯。
>
> 市列珠玑，户盈罗绮，竞豪奢。
>
> 重湖叠巘清嘉。
>
> 有三秋桂子，十里荷花。
>
> …………

首都汴梁，物质文明建设取得阶段性进展，几十年后，将通过一幅《清明上河图》定格在历史长卷上。

而朝廷方面，却是另一番景象。

由于冗兵、冗官、冗费，还要给契丹、西夏交保护费，国库早已空虚，就是所谓"积贫积弱"。

大宋有多败家呢？说两个数据你感受下。

北宋人口大约是盛唐的2.5倍，而官员数量大概是唐朝的10倍。

唐朝截止到安史之乱爆发前，军队刚过50万，宋朝军队有130万以上，禁军80多万。《水浒传》里说林冲是"八十万禁军教头"，并非毫无根据。

我国现在面积大概是北宋的3倍，人口是10倍多，军队才不到北宋的两倍。关键是GDP完全不在一个量级。

大宋太难了。

范仲淹的庆历革新，也是要给朝廷瘦身，可惜他失败了，只能在《岳阳楼记》里抒发胸怀。

在那场革新中，范仲淹有个铁杆追随者，名叫欧阳修，此刻正坐在翰林院的大椅上，醉翁之意，著书修史。

大宋集团暮气沉沉，太需要锐意改革的新青年。

"小王啊，要不要来总部发展？"

包括欧阳修在内的很多人，向王安石发出了邀请。

搁一般人，能从地方分公司调到总部，一定很高兴，马上订机票。

可王安石不是一般人，他一概拒绝，找的理由都是京城房价贵，老妈身体不好之类。

从他后来的表现看，我觉得真正的原因是：

找工作，他要跟老板谈。

02

这一天终于到来。

公元1067年，十九岁的宋神宗刚刚即位，就收到一张财务报表，上面写着八个字：

"百年之积，惟存空簿。"

老板啊，账上没钱了。

宋神宗推开报表，想到仰慕已久的王安石。

真的是仰慕已久，说两件事大家就知道了。

一是宋神宗做太子那会儿，经常从老师韩维嘴里听到一些高明的见解，听君一席话，胜读十本书那种，神宗每次都竖大拇指。韩维就说，这不是我原创，是王安石说的。

二是当时的文坛大佬欧阳修，给王安石写过一首《赠王介甫》，介甫是王安石的字，诗的前半段是：

> 翰林风月三千首，吏部文章二百年。
>
> 老去自怜心尚在，后来谁与子争先。

翰林指李白，吏部指韩愈。

翻译过来就是：介甫兄弟啊，你就像李白、韩愈一样才华爆棚，我老了，以后只有你独秀了。

看到没，王安石不在朝廷，朝廷已有他的传说。

事实上，他也没让宋神宗失望。

在高层决策大会上，王安石打开PPT（演示文稿），一行加粗大字出现：

"民不加赋而国用足。"

不盘剥人民，还能让国库充实，这句话太厉害了，是每个帝王都梦寐以求的。

十九岁的宋神宗热血沸腾，当场做出决定：

来吧介甫，CEO的位子给你，咱们一起搞大事情。

原话是："可悉意辅朕，庶同济此道。"

这是王安石的高光时刻，人生巅峰，属于他的时代正式开始。

只是，在会议室角落里，那个叫司马光的翰林学士，已经悄悄写好辞职信。

他不认同王安石的方案。

03

众所周知，要读懂宋朝历史，绕不过王安石变法，他的是非功过，争论至今。

但有一点却是共识。王安石新法中的措施大多数是科学的、英明的，他像一个从现代穿越过去的人，想用现代方法解决古代问题。

比如青苗法。

以往，每到青黄不接时节，农民只能去找大地主借高利贷，一旦还不上，就得把土地给地主，造成土地兼并。农民越来越穷，地主越来越富，阶级矛盾激化，这是历代朝廷最不能容忍的事。

青苗法类似于国家银行给农民发放贷款，利息比地主的要低。这是一个国家增加收入、抑制土地兼并、减少百姓负担的三赢方案。

再比如免役法。

以往的劳役制度，都是农民出人出力，地主、宗教人士、官僚不用服劳役，导致农民负担重，还没时间种田。

免役法规定：大宋子民都有服劳役的义务，你不想去也可以，只要根据规定交钱就行，政府用这些钱再去雇人。

简单说就是，义务平摊，有钱出钱，有人出人，也是多赢方案。

此外还有商业、农田、水利、军事等一揽子方案，每一项都散发出智慧的光芒。

然而，这么好的方案，并不是谁都能理解。

反对声音最大的，就是司马光。他的逻辑是，天下财富就那么多，要么在人民手里，要么在朝廷手里，怎么可能凭空多出财富！

于是，以司马光为首的保守派，和以王安石为首的变法派，开始了长达半个世纪的互撕。

不过这是后话，我们还是回到当前。

反对的人再多，也顶不过大boss（老板）的支持，为了让王安石放手去干，宋神宗扛着巨大压力，遵循"三不"原则：

"天变不足畏，祖宗不足法，人言不足恤。"

任何力量都阻挡不了变法的脚步，谁不服谁下台！

欧阳修下台了，回到安徽阜阳养老，"笙歌散尽游人去，始觉春空"。

司马光辞职了，回到洛阳，闭门十五年，书写他的皇皇巨著《资

鲜衣怒马少年时2

治通鉴》。

挤掉反对派，王安石开足马力，他经常熬通宵，看凌晨四点钟的汴梁城：

> 金炉香烬漏声残，
> 翦翦轻风阵阵寒。
> 春色恼人眠不得，
> 月移花影上阑干。
>
> ——《夜直》①

大年初一，三杯屠苏酒下肚，在朋友圈晒他的变法新气象：

> 爆竹声中一岁除，
> 春风送暖入屠苏。
> 千门万户曈曈日，
> 总把新桃换旧符。
>
> ——《元日》

字里行间，尽是雄心壮志。

只是，变法哪有这么容易，王安石没有看到"新桃换旧符"，却

---

① 夜直：夜里值班。

等来一张休止符。

这张符叫《流民图》。

04

画《流民图》的是一个叫郑侠的城门官，相当于大宋集团总部的门卫大队长。

他另外一个身份，是王安石的学生。

在这张图上，郑侠以写实的笔法，画了一群流落到汴梁的灾民，他们衣衫褴褛，骨瘦如柴。

而罪魁祸首，直指王安石的新法。

导致这一切的原因很简单。新法好是好，可到了执行层面，基层官员为完成KPI（关键绩效指标），出政绩，往往强行摊派，你不想贷款也得贷。

当百姓负担达到临界点，一场天灾就足以让这一切崩盘，为了还朝廷贷款，农民不得不拆房卖地。

朝廷变成了合法黑社会。

苏轼曾写诗讽刺：

杖藜裹饭去匆匆，过眼青钱转手空。

赢得儿童语音好，一年强半在城中。

青苗钱过手就没了，农民拄着拐杖，食不果腹，一半时间在城里逃荒。孩子们都学会城里话了。

新法里还有个"市易法"，初衷是为了稳定物价、增加国家收入。

拿二师兄的肉来说，一旦供应减少，猪肉就涨价，这是常识。

市易法一出台，等于国家喊话，你们卖猪肉的，不管是北大的还是网易的，都不能卖了。镇关西这样的猪肉摊，只能从朝廷进货，不听话就派个鲁提辖砸你场子。

还喊出美好的口号：让天下没有昂贵的猪肉。

可事实上呢，朝廷吃相更难看。

市易法变成官员们的敛财工具，比民营财团更垄断化、更昂贵，质量还差，苏轼要吃碗东坡肉都心疼。

苏轼又写诗了：

老翁七十自腰镰，惭愧春山笋蕨甜。
岂是闻韶解忘味，迩来三月食无盐。

意思是说：这个七十老翁，带着镰刀在山里挖笋挖蕨菜，竟然说不好吃。莫非他像孔子一样沉浸在韶乐里而失去味觉？No（不），因为他三个月都没吃盐了。

这一切，都如司马光所料。

一时舆论汹汹，民意沸腾，惊动了皇太后和太皇太后，也就是宋神宗的老妈和奶奶。

这两位在历史上评价都不错，勤俭宽厚，圣母心肠，一开始就反对变法，只是宋神宗不听。

现在有图有真相，宋神宗震惊了，妈妈的话原来是对的。

大宋集团OA上，又一篇文章置顶，大老板宋神宗向全体员工和股东发出公开信，《我们做了一个艰难的决定》：

罢免王安石。

请注意，只是罢免王安石，新法还在继续。

接替王安石的，是他的老助手，副宰相吕惠卿。

如果说郑侠用一幅画，向王安石捅了第一刀，那么吕惠卿就是补第二刀的人。

（05）

吕惠卿是王安石一手提拔起来的亲密战友，也是新法的坚定拥护者。

但他的能力比王安石差太远。

青苗法、市易法已经千疮百孔，吕惠卿又推出一条"手实法"，大致意思是：百姓所有财产一律上报，包括你家养了几只鸡，在山上捡了几只兔子。百姓不报或瞒报咋整？很简单，鼓励举报。一经查实，瞒报部分全部没收，三分之一奖励给举报人。

真是个人才，这种招也想得出来。

这样的人什么朝代都有，总以为自己有大才，可以制定规则，可以搞顶层设计，其实要么蠢，要么坏，对管理一窍不通。

可以想象，要执行这样的政策，亲朋友邻会人心惶惶，衙门官吏会变成土匪。

宋神宗毕竟是个明白人，看着眼前这个烂摊子，他又想起了王安石。

公元1075年是个失落的年份。

这一年，王安石被朝廷起用，重回CEO宝座，但局面已不在他掌控中。

从江宁到开封的路上，经过扬州瓜洲古渡，一首《泊船瓜洲》从他的笔尖悠悠淌出：

> 京口瓜洲一水间，钟山只隔数重山。
> 春风又绿江南岸，明月何时照我还。

五十四岁的他，累了，倦了，不想再走入京城的是非地，只想在江宁安度晚年。

巧了，吕惠卿也是这么想的。

王安石回归，最不能接受的就是吕惠卿，躺赢的相位凭什么让出来？

于是，昔日队友变成对手，几番明争暗斗，吕惠卿使出了大杀器——爆隐私。

那是王安石曾写给吕惠卿的私信，其中一封重要文件，王安石在下面P.S.（附言）了四个字：

"勿令上知。"

不要让皇上知道。

这可不得了，就算放到现代，站在宋神宗的角度想想，好你个王安石，老子不惜得罪所有人，连祖宗之法都不顾也要支持你，你竟然跟我玩小九九？

你眼里还有老板吗！

新法一地鸡毛，又失去老板信任，王安石归隐的念头越来越重。

第二年，儿子因病暴毙，他再也无心政坛，告老还乡，终生再没回到政坛。

就在王安石感叹"明月何时照我还"的同时，远在山东的苏轼，也写了一首词——《江城子·密州出猎》。

宋词江湖，一个全新的门派成立了，叫豪放派。来，让我们酣畅一下：

> 老夫聊发少年狂。左牵黄，右擎苍。
>
> 锦帽貂裘，千骑卷平冈。
>
> 为报倾城随太守，亲射虎，看孙郎。

酒酣胸胆尚开张。鬓微霜，又何妨！

持节云中，何日遣冯唐？

会挽雕弓如满月，西北望，射天狼。

请注意，最难懂的一句"持节云中，何日遣冯唐？"恰恰是题眼。

苏轼把自己比作西汉时的云中太守魏尚，希望朝廷也派个冯唐一样的人，手持符节，送来重用他的offer（聘书）。

可是他想多了。

几年后，朝廷真派人来了，不过送来的不是offer，而是逮捕令。苏轼悲催的黄州生涯就此开始。

当然这也是后话，不提。

让我们说回旧党领袖，司马光同志。

06

离开王安石的日子里，朝廷每天都上演狗血剧，明争暗斗，互相伤害。

中间过程很虐心，精彩堪比小说。

比如，吕惠卿爆王安石私信一事，帮王安石的，是苏轼的小弟黄庭坚。帮吕惠卿的，是王安石的学生陆佃。多年后，陆佃有个很牛的孙子，叫陆游。

再比如，王安石有个死忠粉，是推行新法的一把好手，人品学识俱佳，后来成为他的女婿，名叫蔡卞。

司马光也曾有个听话的小弟，是蔡卞的亲哥，名叫蔡京。

再再比如：搜集苏轼黑材料并且疯狂揭发的那个人，是著名的大科学家、全才大神，《梦溪笔谈》的作者沈括。

贵圈，真的好乱。

时间来到公元1085年，三月的一天早晨，所有汴梁人都听到一个来自洛阳的声音，那声音苍老而霸道：

"乱个毛线，老夫要终结这一切！"

说话的人，正是六十六岁的司马光。

他有底气这么说。因为这一年，三十七岁的宋神宗抱憾去世，母亲高太后力挺司马光。

新皇帝宋哲宗表示完全赞同，毕竟，他已经快九岁啦。

据大宋微博热搜显示，司马光进京那天，锣鼓喧天，鞭炮齐鸣，全城百姓像在黑暗中看一束光，连青楼姑娘们都重新燃起了工作热情。

苏东坡也平反逆袭，回朝路上，难掩激动心情：

　　　　此生已觉都无事，今岁仍逢大有年。

　　　　山寺归来闻好语，野花啼鸟亦欣然。

只是，这"欣然"过于短暂。

司马光不仅会砸缸，还善于砸任何东西。他抡起锤子，咣咣咣，对着新法一通猛砸——全部废除。

连新旧两党都一致赞同的免役法，也一并砍掉。新党战队贬的贬，辞的辞。

顺便提一句，这一年被贬的新党战队里，有一个叫章惇的人。他原本是个青铜，多年后变成王者，开始反攻。苏轼悲催的晚年，主要拜他所赐。

与新法同时落幕的，还有王安石的命数。

这一年，远在江宁的改革先锋在落寞中去世。

生命最后的日子里，他在《千秋岁引·秋景》中写道：

············

楚台风，庾楼月，宛如昨。

无奈被些名利缚，无奈被他情担阁。

可惜风流总闲却！

当初漫留华表语，而今误我秦楼约。

梦阑时，酒醒后，思量着。

他的"不畏浮云"，他的"最高层"，他的"华表语（奏章）"，全都"风流闲却"，只能在酒后午夜梦回。

不过，司马光也不是赢家，王安石死后五个月，司马光紧随其后去世。

两位大佬只差两岁，又同年去世，前半生相互站台，后半生相互拆台。

命运无常，令人唏嘘。

看到这里，你以为变法就此结束了吗？

并没有。

十年之后，宋哲宗已经长大，挣脱奶奶的怀抱，这个年轻人也要秀肌肉、秀智商了。

新法再次启动。

只不过此时的新法，已经不是方案之争，而是赤裸裸的党派之争。原则是对人不对事：赞同我的，都是好人，不赞同的都是坏蛋。

路线决定一切。

打击范围之大，没人能置身事外。翻开当时任何一个人物的履历，如果没有大起大落，说明他咖位还不够。

这种政治氛围一直持续到宋徽宗朝，直至北宋灭亡。

07

大家发现没有，在这场变法里，大老板宋神宗锐意进取，广开言路，也算少有的明君。

司马光、王安石，以及苏轼兄弟为代表的中高层官员，都是大宋的智慧担当，人品学识一流。

司马光不纳妾，为官清廉，正妻给他找个小妾，都被他赶出门。这克制力，没几个人男人能做到。老婆去世，他连丧葬费都凑不出。

王安石也是禁欲系，不贪财，衣服常年不换，给啥吃啥。苏洵说他"衣臣虏之衣，食犬彘之食"，穿得像个囚犯，狗粮也吃得下去。

唐宋八大家中，宋朝占了六位，全在这几十年扎堆出现，南宋一个都没有。

这样的一个开局，为什么王安石还是败了？

因素当然很多，涉及的人物也远比本文提到的多几倍，一本书都讲不完。

我仅从王安石这个人聊一个观点，因为他是个——

技术天才+政治弱鸡。

技术型人才很容易一叶障目，手里有锤子，看什么问题都是钉子。

王安石推行新法，问题不在新法本身，法规是可以试错更正的，而在于比技术复杂一万倍的人。

你以为官府、公司像水泊梁山？大哥一声令下，小弟们就磨刀霍霍，"996"工作，超额完成KPI？

不是的。它更像《红楼梦》里的贾府，领导说话未必好使。我不违抗你的指令，但就是执行不好，甚至还会给你挖点小坑。

贾探春小姐雄心壮志，走马上任要改革，连亲娘来求情，她都不徇私，人品才能都是一流。

但问题是一个人再厉害，也需要有人去执行。谁去执行呢？吴新登媳妇。

这个类似基层官僚的小角色，一见面就给探春使绊子。关键是，你对照规章制度，还找不出她的错。

张养浩说的"兴，百姓苦；亡，百姓苦"，原因就在于这些官场版"吴新登媳妇"。

王安石遇到的，就是全国无数个"吴新登媳妇"。此刻，当务之急就是怎么用人。

可他怎么做的呢？

欧阳修因政见不合提出辞职，别人挽留，王安石说：这种人到哪里都是祸害，留什么留！

要知道，人家可是给你站过台的老前辈啊，弟子门生遍布朝野，这要得罪多少人！

宋神宗想让司马光跟他一起主持大局，王安石说司马光专结交小人。

拜托，他重用吕惠卿，还是人家司马光好心提醒，结果证明，历史学得好就是会看人。

不知道他被吕惠卿爆私信的时候，会不会想起司马光的话。

宋神宗想重用苏轼、苏辙，他又说这两兄弟只会摇唇鼓舌，写几篇破文章。

他真的恨苏轼吗？也不是，就是嘴欠，当苏轼遭遇乌台诗案要杀头，王安石又站出来替苏轼说话。

还有一个叫范纯仁的，是范仲淹的儿子，沉稳持重，自带改革基因，王安石竟不容许他有一点反对意见。

要知道，这些人并非食古不化，欧阳修是跟着范仲淹搞改革的前辈，司马光提出发展经济比王安石还早，苏轼、苏辙爱民而务实，范纯仁就更不用说了。

作为大宋集团CEO，这些人，不应该为我所用吗？明明一批潜在友军，被王安石弄成敌军，两败俱伤。

谁受益呢？

政治投机者，比如蔡京。

王安石上台，蔡京举双手赞同变法；司马光上台，他又五天内废除新法；章惇上台，他又非常识时务地搞政治斗争。

每次看这段历史都令人惋惜，搞技术的，搞文学的，终究搞不过骑墙的。

写这些，并非否定王安石，他依然是大神一个，用黄庭坚的话说，"一世之伟人"。

最后，用他的两句词结尾吧，写的是伊尹和姜子牙，我觉得也可以用来告慰他自己：

　　　　若使当时身不遇，老了英雄。

　　　　…………

　　　　直至如今千载后，谁与争功！

忆昔开元全盛日

盛世大唐，
已经埋下乱世的伏线。

楔 子

公元724年秋天，洛阳仁风里。

一户人家打开大门，一个十二岁的男孩蹦蹦跳跳跑出来，钻进门口的马车。

穿过宏阔的都城大街，马车来到尚善坊岐王府上。这里正在举办一场歌舞盛宴，大唐天王级巨星李龟年正在表演。虽然以前在秘书监崔涤府上，曾看过李龟年的演出，小男孩还是很兴奋。毕竟，李龟年演唱会一票难求。

羯鼓锵锵，仙音飘飘。连这个小男孩都知道，他们生在一个空前繁荣的时代。

四十六年后的公元770年春天，小男孩已经垂垂老矣，在湖南潭州他再次见到李龟年。这是粉丝和偶像的最后一面，一个卖药为生，一个卖唱过活。四目相对，老泪纵横。曾经的小男孩把万千感慨咽到肚子里，写下简简单单二十八个字：

岐王宅里寻常见，崔九堂前几度闻。

正是江南好风景，落花时节又逢君。

这首《江南逢李龟年》的作者是杜甫。

生活在公元724年的杜甫和所有大唐子民一样，不会相信他们有这么一天。那可是开元盛世，财富如山，兵强马壮，万国来朝，唐玄宗所到之处，人们敬若神明。

直到老年，杜甫都在回忆这个美好时代，他在《忆昔》里写道：

忆昔开元全盛日，小邑犹藏万家室。

稻米流脂粟米白，公私仓廪俱丰实。

在杜甫的记忆中，这是大唐国力的巅峰，小城市也有万户人家，州府粮仓满溢，百姓家中粮食吃不完。

杜甫是老实人，老实人不说谎。

但同一时期，在距离洛阳三百多公里外的商丘，一个比杜甫大十几岁的年轻人，正孤独地坐在屋里，望着连月的阴雨叹息：

惆怅悯田农，徘徊伤里间。

曾是力井税，曷为无斗储？

——《苦雨寄房四昆季》

"曷"即何。他想不通，农民们尽心尽力为朝廷纳税，为什么家里没有一斗粮食呢？

这位诗人，名叫高适。

此时的他们还互不相识，不会料到日后成为挚友。更不会料到，各自的命运，已经深深捆绑在大唐的国运里。

而我们的故事，要从这二位的"分歧"讲起："公私仓廪俱丰实"和田农"无斗储"，哪一个才是开元盛世的真相？

① 大有大的难处

公元712年，杜甫在河南巩义出生。他出生时，祖父杜审言的声望早已稀释，父亲是个基层小官，常年在外地任职。

三四岁时，母亲去世。父亲续弦另娶，随后又生下一儿一女。不知道是因为父亲无暇照顾，还是因为跟后妈有情感隔阂，杜甫并未跟随父亲的新家庭一起生活，而是被寄养在洛阳的姑姑家。

这位姑姑对小杜甫视若己出。有一年，杜甫和姑姑的儿子同时生病，姑姑总是先照顾好杜甫，再去照顾儿子。最后，这个可怜的小表弟不幸夭折。

杜甫终其一生，都很感念姑姑的恩情。多年后他流落四川，听到官军收复河南河北，写下平生第一快诗："即从巴峡穿巫峡，便下襄阳向洛阳。"洛阳，是老年杜甫最深的牵挂。

襁褓中的杜甫并不知道，就在他出生的那一年，李隆基成为大唐的新帝王。李隆基脑子里惦记的也是自己的姑姑——太平公主。

二十七岁的李隆基英气逼人，出手果决。当杀气腾腾的禁卫军拔出利剑，太平公主才意识到自己不是小龙女，只是个姑姑。

朝堂拨乱反正，大唐空前清平。

李隆基从剿灭韦后到做太子，从肃清太平公主到稳固皇权，结识了一批能做大事的牛人。

一个叫姚崇的老臣对玄宗说，想让我做宰相，要答应我十件事，其中包括：不要贪图边功，轻易用兵；不要让宦官干政；外戚不得专权；正常租税外，不得收受官员的进献……玄宗一一答应，态度之诚恳，如同一个晚辈聆听长者训导。

姚崇之后，接替他的是一个叫宋璟的大神，这二位开启玄宗一朝的"姚宋"时代，政治清明，人民富足，当真是开元盛世。

欣赏完李龟年的演唱会，十二岁的杜甫回到姑姑家里。他丰衣足食，正是男孩子贪玩的年纪，院子里的枣树梨树果实已经甘甜可口，杜甫爬上爬下，乐在其中。那些年的生活也成为他日后难得的快乐回忆："忆年十五心尚孩，健如黄犊走复来。庭前八月梨枣熟，一日上树能千回。"

此时杜甫还是个无忧少年，他的生活里有音乐、有诗歌、有玩耍，除了夜里会想起面目模糊的生母，没有其他烦恼。

有烦恼的是唐玄宗。

也是这一年，农历十一月，杜甫姑姑家的大枣已经晒干，唐玄宗率领文武百官移驾洛阳。接下来三年，洛阳将替代长安，成为大唐暂时的首都。

长安好好的，为什么去洛阳？

《红楼梦》已经给出答案，凤姐对刘姥姥说起贾府："外头看着虽是烈烈轰轰的，殊不知大有大的艰难去处，说与人也未必信罢。"

没错，大有大的难处。跟鲜花着锦、烈火烹油的贾府一样，大唐也缺钱。只是刘姥姥们不相信罢了。

到开元时期，大唐赫赫扬扬一百年，百万人口的长安，形成一个庞大的食租税群体。

一种是王公贵族、内宠外戚。这部分人占有多少资源？史书上没有明确的统计。但我们可以从两个例子开开眼。

提起玄宗一朝的宦官，大多数人只能想到一个高力士。其实，高力士只是最受宠的那个，当时宫中宦官有三千多人，其中五品以上，着红穿紫的一千多人。这些"净了身"的男人，身上的油水吓死人。他们除了没有男性功能，其他方面超越绝大多数男人。长安郊区三分之一的田地，都在宦官手里。

如果李白让高力士脱靴的故事属实，想必高力士一定在心里骂道：老子可以给你脱靴子，但你给老子提鞋都不配。

中唐时候，正在为薪水发愁的韩愈老师，曾经到太平公主的旧山庄游玩，心情激动，发了一条朋友圈：

公主当年欲占春，故将台榭押城闉①。

————————————

① 闉（yīn）：城门。

欲知前面花多少，直到南山不属人。

——《游太平公主山庄》

太平公主的私家山庄，亭台楼榭比长安城阙还要高大宏伟。喏，看到这一带长满花草的土地了吧，一直通到终南山，都不属于别人。

太平公主的食封是五千户。这等豪奢，朝廷当然承受不了。于是唐玄宗决定，以后公主的食封是一千户（中间短暂执行过五百户的标准）。

也就是说，一个公主的家庭，需要一千户百姓供养。

写到这里，我忍不住要跪在键盘上，替这些百姓谢主隆恩。

开元初期有多少公主呢？具体数据也不得而知。但我们知道，玄宗初期，他的姑妈一辈、姐妹一辈都有公主在世。

玄宗自己，日理万机之余在后宫也没闲着，共有五十九个子女，儿子二十九个，女儿三十个。《新唐书》中只记载了其中的二十个儿子，他们为唐玄宗生下的孙子是九十四人。相比公主，占据资源大头的，是这些皇子皇孙。

在"十王宅"里，在"百孙院"里，这些有着李唐血统的贵族不用种地搬砖，不用"996"，就有享用不完的锦衣玉食。每个院子，有四百个宫人服侍。

斗鸡走马，呼鹰打猎，长安的马球场天下第一，东西两市可以买到全世界的奢侈品。"宝盖雕鞍金络马，兰窗绣柱玉盘龙。"我们现在看唐朝的文化遗产，不管是诗歌、礼仪，还是器皿、绘画，它们有一个共性，就是大气。

这是一个崇尚奢华的时代。

以上这些人，都不用交税。

此外还有庞大的官僚群体、僧道群体，都是免税户。大唐包容开放，世界上各种宗教，都能在这里找到信众。朝廷有优厚的政策，信众不仅免除租税劳役，往往还有大量土地。很多佛寺道观，以此为资本，高利贷生意红红火火。

这个顽疾从大唐开国到晚唐，从来没有根除，以至于后来的韩愈冒着杀头的风险，喊出"事佛求福，乃更得祸"，倡导灭佛运动。务实用世的儒家思想，更在乎苍生眼前的苟且。

唐玄宗当时也在乎。

到杜甫十二岁的公元724年，关中在经过几场自然灾害后，终于陷入困境，老百姓揭不开锅了。

离开长安，吃向洛阳。这是朝廷施行仁政的唯一选择。

可能有人会问，长安是首都，没吃的就不能运过去吗？

答案是，很难。

现在的中国，交通建设全球领先，我们很难理解古人的交通困境。如果在飞机上看长安，会发现这个深处关中盆地的城市，很不适合做盛世的首都，周围的山脉和高原在战争时期是天然屏障，和平时期却成为经济流通的阻碍。

在中东部，在江淮，广袤的平原才是纳税的主区域。而这些粮食布匹要想运往长安，陆运，只有一条狭窄的潼关；水运，到了黄河三门峡段，河床有巨石凸起，不能行船，一年之中，只能等待短暂的涨水期。

李治死在洛阳，武则天建都洛阳，唐玄宗几次三番下洛阳，都与吃饭问题有关。

（02）大哥的野心

不过，在唐玄宗眼里，这还不是最大的困难。他还不到四十岁，雄才大略，正是干大事的年纪。

在《资治通鉴》里，这项大事，叫作"大攘四夷"。

让我们简单回顾一下这些"四夷"，日后开元盛世的覆灭，与他们息息相关。

东北和北方，有契丹、高丽和奚；

西北和西方有突厥、回纥（回纥与大唐相爱相杀，他们登上舞台还要等到安史之乱）；

南方和西南，是吐蕃、南诏（南诏有个悲伤的故事，后面再讲）；

西出阳关，穿越河西走廊，抵达遥远的新疆西部边境，一路上还有几十个小国家。开元年间大唐的西部边境，最远到达阿拉伯帝国和今天的阿富汗，那几个尾号为"斯坦"的国家，当时都在唐朝面前瑟瑟发抖。

不过，所有的和平都需要代价。

唐朝对外的策略大概分三种：

第一种，对向往和平的国家，大唐凭借天朝上国的国威，你当小弟，我做大哥，我带你一起做生意。逢年过节，你来给大哥磕个头送上祝福，大哥赏赐你礼物，皆大欢喜。反正李家身体里也有胡人血统，太宗、高宗和玄宗都是"天可汗"。

第二种，对于不服气的小国家，大家战场上见，哪里不服打哪里。

最棘手的是第三种：吐蕃、突厥和契丹，兵强马壮，跟中原王朝一样，他们内部也一直在血腥夺权。上一代定下的和平策略，下一代可能完全推翻，磨刀霍霍向大唐。打得过就抢人抢钱抢地盘，打不过就求和。

打来打去，很少有真正的赢家，往往两败俱伤，怎么办呢？那咱们就做亲戚吧。比如吐蕃、契丹，唐朝就把公主嫁过去，外甥和舅舅、外孙和外公总不能刀兵相见吧。

但这个办法往往只在短期有效，关系非常脆弱。涉及资源之争、皇权之争，从来六亲不认，父子相背，兄弟相残。

一个和亲的公主，除了在血缘上拉近各个势力的距离，在政治争夺面前毫无作用。契丹就杀死过两位大唐公主，跟唐朝决裂，把唐玄宗气得都没心情排练《霓裳羽衣曲》了。

并且，游牧民族逐水草而居，强悍的骑兵神出鬼没，隔三岔五骚扰边境，很难制止。《天龙八部》里的辽国动不动就南下"打谷草"，厉害如乔帮主，也无能为力。

如果唐朝是一头雄狮，周边国家就是群狼。在这场旷日持久的拉锯战中，没有谁永远胜利，群狼经常战败，雄狮也伤痕累累。

更大的问题就出现了。

要维持从东北到西南，再到西域，这么漫长的边境线的平衡，唐朝就需要负担庞大的军事开销。

于是在姚崇、宋璟之后，又有两位大神闪亮登场，一个是张说，一个是宇文融。这两位的政治主张，前者是节流，后者是开源。

彼时，唐朝赖以立国的府兵制和均田制，都已经遭到严重破坏。所谓"府兵制"，简单来说，就是国家把一部分人民划为"府户"，分给土地。

府兵制由来已久，起源于西魏，盛行于初唐。这些府户战争时期为兵，和平时期务农，不用纳税，也没有军饷，上战场的装备都是自己购买。

在《木兰诗》里，就还原了一个典型的府户从军过程：

"昨夜见军帖，可汗大点兵。军书十二卷，卷卷有爷名。"朝廷下了军帖，要打仗了。

"东市买骏马，西市买鞍鞯，南市买辔头，北市买长鞭。"赶紧去买装备。

"归来见天子，天子坐明堂。策勋十二转，赏赐百千强。"杀敌立功了，朝廷发赏赐。

府兵制的最大优势，是朝廷基本不用出军费，就能拥有大量士兵。玄宗初期，大唐边境线上六百多个军府的六十多万士兵，就是这项制度的红利。

可惜的是，这时的府兵制已是强弩之末。

究其原因，战争越来越频繁，伤亡率越来越高。杨炯有诗："宁为百夫长，胜作一书生。"这是初唐的府兵制，还在高效运行，到战场上拿命搏一把，运气好的话，加官晋爵，光宗耀祖。

到了玄宗时期，这种奔赴沙场建功立业的豪情已逐渐消退，取而代之的是对战争的声讨和厌倦。比杜甫大约二十岁的李颀写道：

> 白日登山望烽火，黄昏饮马傍交河。
>
> 行人刁斗①风沙暗，公主琵琶幽怨多。
>
> 野云万里无城郭，雨雪纷纷连大漠。
>
> 胡雁哀鸣夜夜飞，胡儿眼泪双双落。
>
> 闻道玉门犹被遮，应将性命逐轻车。
>
> 年年战骨埋荒外，空见蒲萄入汉家。

这首《古从军行》是以汉讽唐，大意是说：

西域的交河畔烽烟滚滚，士兵在风沙中敲响刁斗，嫁过去的大唐公主左右为难。万里无人烟，大漠雪纷纷，胡人士兵也是可怜人。

可是回程的玉门关已被阻隔，大唐士兵没有退路，只能把性命绑在将帅的战车上。这么多人埋骨他乡，换来什么呢？不过是像葡萄一样的价值罢了。

清朝大学士沈德潜，在这首诗下面感慨："以人命换塞外之物，

---

① 刁斗：军中的铜锅，白天可做饭，夜间敲打警戒。

失策甚矣。为开边者垂戒……"

在唐朝诗坛上,李颀的地位不及李杜王孟和高岑,但请大家记住这个人。在我看来,这个"醉卧不知白日暮,有时空望孤云高"的家伙,具有洞察事物本质的智慧。

他的人道主义,已经超越狭隘的民族立场,对唐朝战争的实质也一针见血。大唐此后的决策与吞下的苦果,似乎是在照着这首诗一一上演。

03 谁能搞钱谁上台

现在,让我们来看玄宗的第二个时代:张说和宇文融。

府兵制衰败,引发连锁反应。大量府户开始逃跑,脱离军籍,留下些老弱病残。大唐战斗力越来越渣。

宰相张说曾经平定突厥叛乱,身兼兵部尚书和朔方(今宁夏灵武)节度使,对前线非常熟悉。

他不仅是文坛的"燕许大手笔"之一,在军事上,也搞了一把大手笔。他向玄宗提议:大唐根本不需要六十万军队,应该裁军,同时把府兵制改成募兵制,发高军饷,招募精兵。所谓兵不在多,而在于精。

从军事角度来说,这是科学的。此后,大唐军队开始了长达十几年的大换血,募兵制登上历史舞台,军队战斗力大大提高。

但是，新问题也随之而来。

唐朝当时总人口是4100万，要养这么大一支军队，开销惊人。加上前文提到的那一大堆食租税阶层，朝廷不得不发愁一个问题：钱从哪儿来？

宇文融登场了。

当时，宇文融只是一个八品的监察御史，属于纪委官员。但他非常干练，精于吏治，单名一个"融"字，冥冥之中似乎注定了他的才能——搞金融的好手。

宇文融发现，除了军籍出现逃户，民间也有大量的农户，为了躲避高赋税，而把土地卖给大地主，自己做佃户。这也是逃户。逃户多了，土地兼并严重，朝廷税收减少。

宇文融给唐玄宗建议，必须括户、括田。于是下令全国，凡是逃户，主动申报的，免除一部分赋税；过期不报的，一经发现，发配边疆充军，地方官员、地主胆敢包庇者，同罪论处。

这一招简单粗暴，却很有效果。《资治通鉴》记载，朝廷很快"凡得户八十余万，田亦称是"，查出80多万逃户，以及对应数量的土地。

开元十四年，大唐全国登记户数约为707万户，80万户就相当于大唐凭空多出约12%的人口和土地。当然，也多出80万户的赋税。

唐玄宗非常满意。宇文融的仕途如同坐了火箭，短短七八年，就从一个八品小官，做到了大唐宰相。盐铁、丝绢、钱粮，河道、运输，财政大权一把抓。

如同很多大公司一样，实际的经营状况，往往不如财务报表那样好看。

宇文融以朝廷严令给地方施压，很多官员为了完成指标，做出政绩，经常虚报数字。比如，一个县只能括户400户，却上报500户，多出来的100户怎么办呢？平摊到全县人民头上。反正官员不用纳税。

于是，在公元724至729年的大唐，在洛阳和商丘这两个地方，我们会看到完全不同的景象。

临时首都洛阳城里，"斗米十五钱"，物价便宜。城里的少年杜甫，看到的是"稻米流脂粟米白"，营养充足，"一日上树能千回"。

商丘是江淮门户，恰好位于通济渠沿岸，这条隋朝开挖的运河，就是为了把江淮的租税运往两京。这里税收繁重。所以，青年农民高适，只能在苦雨中诘问："曾是力井税，曷为无斗储？"

此时的杜甫和高适还太年轻，还要等十几年后才能闪耀诗坛。在张说的强军政策和宇文融的括户政策下，大唐国力日盛，治安良好，人民富裕。高适们的愁闷，只是盛世角落里的一个小插曲，是盛世的代价。

公元725年，杜甫十三岁。这年十月，唐玄宗率领文武百官，历时近一个月，从洛阳浩浩荡荡开往泰山，举办封禅大典。为亿兆苍生代言，与上天对话，这是古代帝王最高的荣誉。

不过，在大唐一派祥和的水面下，政坛却云谲波诡。张说和宇文融看起来像唐玄宗的左膀右臂，其实这二位水火不容。

个中细节，史书记载扑朔迷离，我们不妨从问题的根源出发。只要了解了这层根源，此后唐朝的绝大部分政治矛盾，都可以从中找到脉络。

简单来说，就是文人士大夫阶层，与贵族门阀阶层天生的矛盾。从西魏到隋朝，李家就是八柱国之一，属于大名鼎鼎的关陇集团。

唐朝立国之初，权力被贵族门阀垄断，李渊、李世民的重臣宠臣，要么是贵族出身，要么是军功显赫，平头百姓子弟，没有机会进入权力中心。

直到那个叫武则天的女人出现。

武则天出身平平，在夺权路上，没有娘家人的支持，于是开始扶持士大夫阶层，专注打击贵族五十年。出现于隋朝、原本不温不火的科举制度，在武则天手里变成政治利器。

大量小地主和基层官吏子弟，通过读书科举逆袭人生。他们中的很多人，成为武则天的粉丝。

小县令家庭的宋璟，小县丞家庭的张说，都是科举制度的受益者。

而宇文融，从这个姓氏就知道，他出身于八柱国中的另一支擎天柱，宇文家族。祖父宇文节在唐太宗、高宗两朝显赫，官至宰相。

张说与宇文融的矛盾，其实自他们出生起就注定了。

重要的事情再说一遍：这不是两个人的矛盾，而是以科举入仕的士大夫阶层，与依靠祖荫入仕的贵族阶层的矛盾。

一个是文坛盟主，一是个财政新星。在张说眼里，宇文融的财政手段，不过是歪门邪道的敛财，与民争利，非君子所为。在《资治通鉴》里，司马光记录下张说对宇文融的不屑："鼠辈何能为！"

历史不会重演，但总会押韵。三百五十年后的北宋，司马光同学对王安石变法，也是这个看法。

更押韵的是，张说说过的话，谋过的私利，宇文融拿出小本本，一条条记录下来，带领御史台的小弟们上书弹劾。

唐玄宗看着确凿的证据，只能默默叹息：爱卿啊，你不是文坛盟主吗，宰相大印交出来，你的余热就用在这本《大唐开元礼》上吧。

中书省传来宇文融胜利的笑声："使吾居此数月，庶令海内无事矣。"

海内真的无事吗？

无事才怪。张说下台了，但他代表的士大夫阶层还在台上。于是，弹劾宇文融的奏章也一封封飞到御前。

玄宗又一声叹息：爱卿啊，你贪污的，可比张说多多了。这也罢了，你咋还跟我老李家的王爷过不去呢。广西那地方穷，你就发挥余热去那儿搞开发吧。

贬谪途中，宇文融暴病而亡。他的宰相生涯只有九十九天，史称"百日宰相"。

公元731年，张说已经去世，他和宇文融的时代正式翻篇。张说生前，非常注重提拔后辈文人，在他的追随者当中，有一个亦师亦友的好兄弟，名叫张九龄。

宇文融也没闲着，在他举荐的人当中，也前后冒出两个厉害角色，一个叫裴耀卿，一个叫李林甫。

玄宗朝的政坛，即将迎来又一个时代。

大唐的国运，诗人们的命运，唐玄宗的桃花运，由此开始。

04 蜀道难，长安道更难

在唐朝波澜壮阔的三百年历史长卷上，公元735年实在不足为道。

但如果以文化的视角看，这一年的大唐夜空繁星闪烁，流星冲撞，正在酝酿大爆炸的能量。绚烂之后，创造这些能量的群星，将被一个黑洞吞噬，留给世人无限唏嘘。

为了讲清楚后面的政治博弈，十分有必要提一下当时的权力架构。简单来说，皇帝之下，有三大权力机构，中书省、门下省、尚书省。尚书省又统管六大部门，分别是吏部、户部、礼部、兵部、刑部和工部。这就是自西汉以来形成的"三省六部制"。

中书省负责制定国家政策，起草皇帝诏书；门下省负责审核，具有否定和审议权；这两大机构通过后，交给尚书省，下发给六部去执行。

三大机构级别平等，领导人都是宰相，他们共同组成国家的权力中枢。

公元735年，大唐新的领导班子已经搭成。

张九龄是中书省一把手，叫作中书令；

裴耀卿是门下省一把手，叫作门下侍中；

至于尚书省，不好意思，因为李世民曾经担任过尚书令，后来这个位置就一直空缺，皇帝不敢设，大臣没人敢领命。

职位可以没有，工作还是要有人做的。就好比明朝，你不设宰相，内阁大学士和宦官就充当了宰相。

关于这一点，在御史台、吏部浸淫多年的李林甫看得很清。朝堂中的三把权力交椅，其中两把已经没有机会，另一把又没人敢坐。看来通过正常途径，是不可能走向巅峰了。

李林甫性格沉稳，城府极深，是天生的政治高手。就像草原上的狼，善于用敏锐的嗅觉，寻找一切机会。

涉及政敌之争，李林甫很少草率站队，他会冷静观察，不轻易出手。可一旦他出手，往往一招制敌。

凡是跟玄宗亲近的大臣、宦官，李林甫都会想方设法拉拢，这样既可以让自己的美名上达圣听，又能随时掌握皇帝的心思。

谁跟皇帝最亲近呢？答案是，皇帝的老婆。

就在两年前，还是吏部侍郎的李林甫，发现一个绝好的机会。当时，太子李瑛的生母已经去世，那是个生于乐工家庭的女人，身份卑微。唐玄宗的新宠是武惠妃，这个武氏家族的女人，也像她的姑祖母武则天一样，野心逐渐膨胀。

她想让玄宗立她为后。

只要她做了皇后，她的儿子，就有可能换掉那个歌女所生的太子。对这个并不高明的意图，玄宗是怎么想的我们不得而知，但群臣反应强烈，皇后可不是随便立的。最重要的是，她姓武。彼时彼刻，臣子们对武家的女人充满芥蒂。这件事不了了之。

但更换太子仍有希望，武惠妃一直在努力。靠自己的力量不够，那就找一个支持者。

李林甫伸出了援手。

《资治通鉴》记载："林甫乃因宦官言于惠妃，愿尽力保护寿王。"

寿王，就是武惠妃的爱子。相比这个封号，我们更熟悉他的名字，李瑁。相比李瑁，我们更熟悉他即将迎娶的妻子，杨玉环。

武惠妃知恩图报，一通操作，协助李林甫登上宰相之位，尚书省一把手。

可能有人要问了，不是说不设尚书令吗，怎么还会有一把手？很简单，朝廷还有另一个神奇的职位，叫作"同中书门下三品"，后来改作"同中书门下平章事"。

也就是说，身兼吏部侍郎、礼部侍郎的李林甫，已经成为尚书省的实际掌权者。他不称尚书令，但按权力和级别，同中书令和门下侍中一样，都可以坐进政事堂，指点江山，决策国事。

至此，张九龄、裴耀卿、李林甫三足鼎立。

请注意李林甫的吏部侍郎和礼部侍郎身份，吏部掌管官员的人事安排，礼部主要掌管科举考试。由此开始，李林甫长达十九年的宰相之位，恰恰伴随着诗人们的仕途生涯。

下面，让我们把目光转向这些悲催的诗人。

就在政坛权力交替的这几年，三十一岁的李白腰挎宝剑，一身仙气降临长安。在一户朱门大宅前，他拿出自己的诗作，威风凛凛。

这户的公子问道："你找谁？"

李白说："找你爹。"

公子说："我爹才死了。"

李白说："找你老婆。"

公子一挥手："来人啊，关门！放狗！"

如你所见，这段是我编的，因为史实细节已经模糊。我们只知道，这一年的李白初到长安，来到张说府上。此时张说刚刚去世，接待李白的是张说的儿子，名叫张垍。

张垍的另一个身份，是唐玄宗的女婿，最受宠的驸马爷。能跟唐玄宗做亲家，再次说明张说的地位。

这也是李白上门的原因，在当时，这叫干谒公卿。

张垍显然没有老爹的胸怀，李白这次长安之行落空了。一个没有显赫出身又不能参加科举考试的诗人，谁会帮你呢？

"年轻人，我来看看你的诗。"

从张垍供职的翰林院里，传来一个苍老而豪放的声音，走过来一个博导，他就是年过七十的贺知章。

"噫吁嚱，危乎高哉！蜀道之难，难于上青天……"贺知章翻开《蜀道难》，一边读一边捻着花白胡子，"谪仙啊谪仙，你呀是个谪仙啊。可惜老夫如今也是个闲差，帮不了你。不过你放心，我帮你转发朋友圈。"

在失望与希望交织的心情下，李白同志上路了。他离开长安，北上漫游，来到嵩山，那两个分别叫岑勋和元丹丘的朋友，已经摆好了酒，研好了墨。

君不见黄河之水天上来，奔流到海不复回。
君不见高堂明镜悲白发，朝如青丝暮成雪。
…………

在这首《将进酒》里，李白还写道："钟鼓馔玉不足贵，但愿长醉不复醒。"

可他终究要在现实中醒来。

还是公元735年，新一届宰相班子刚建成不久，大唐再次面临吃饭问题。因为关中发生自然灾害，长安粮食短缺，唐玄宗已再次率领百官移驾洛阳。

这一年的科举考试，将在洛阳举办。

李白醒了醒酒，一路飞奔洛阳，为刚刚参加狩猎活动的唐玄宗，献上一篇《大猎赋》。然后，他又醉了。

二十三岁的杜甫也从吴越回到洛阳，参加当年的科举。历史记载，那一年全国考生将近三千人，最后录取二十七人。"七龄思即壮，开口咏凤凰"，厉害如诗圣，也照样落榜。

在杜甫晚年的记忆中，这几年最美好的时光是他的吴越之游，"越女天下白，鉴湖五月凉"。长三角的美景美女，才值得青春期的杜甫怀念。

二十岁的岑参也来到洛阳，此时他还没有参加科举的资格，只能到处抱大腿、求推荐，个中心酸，多年后他仍耿耿于怀："二十献书阙下""弱冠干于王侯""出入二郡，蹉跎十秋"。

岑参同学，先不要着急，十年之后才是你的时代。

最悲催的，还是待业青年高适。

他刚从幽州前线回来，没被北方的风霜冻坏，却因为朝廷的科举寒了心。他也落榜了。

从洛阳回老家途中，他看到的依然是盛唐的阴影。

有农民的悲苦："试共野人言，深觉农夫苦。……园蔬空寥落，产业不足数。"（《自淇涉黄河途中作》）

有基层官员的不易："常时禄且薄，殁后家复贫。妻子在远道，弟兄无一人。"（《哭单父梁九少府》）

还有自己的郁闷："尚有献芹心，无因见明主。"

好在，这些都没有消磨掉他的豪气。跟朋友喝酒，他依旧"今日相逢无酒钱"，也依旧坚信，大唐的史册会留下他们的名字。对了，那个朋友姓董，排行老大，那首诗叫《别董大》：

千里黄云白日曛，北风吹雁雪纷纷。

莫愁前路无知己，天下谁人不识君？

就在高适与朋友告别之前，一个叫王维的同龄人也在跟朋友告别。

长安东郊，灞桥的初春乍暖还寒。王维对这位年长十来岁的朋友坦诚相劝：

杜门不复出，久与世情疏。

以此为良策，劝君归旧庐。

醉歌田舍酒，笑读古人书。

好是一生事，无劳献子虚。

哥们儿，你不出门太久了，不懂得朝堂的人情世故。听小弟的，你就回老家吧，喝喝酒，读读书。别学司马相如献什么《子虚赋》了，官场不适合你。

这首诗叫《送孟六归襄阳》，这位老朋友，叫孟浩然。

孟浩然归隐了，朝堂少了一个文官，田园多了一位诗人。

唯一在仕途有起色的是王维。在张九龄的举荐下，已经厌倦官场的王维再次出山，在中书省做了一名右拾遗。

"拾遗"是个很特别的官，虽然只是从八品上，却可以"掌供奉讽谏，扈从乘舆"，只要够胆量，可以指责皇帝和宰相。

官小权大，有时候是机会，可以一飞冲天；有时候却是灾难，一朝堕入地狱。完全取决于政治是清明还是昏暗。

很不幸，王维没遇上好时候。诗人们都没遇上好时候。

⑤ "能臣"李林甫，"忠良"安禄山

从公元735年到741年，正是史书上所说的"开元末年"。

中唐一个叫杜佑的史官，曾在《通典》里总结历史教训：

"开元初，每岁边费约用钱二百万贯。开元末，已至一千万贯。天宝末，更加四五百万矣。"

杜佑后来有个孙子，叫杜牧。杜牧在《阿房宫赋》的结尾感叹：

"后人哀之而不鉴之，亦使后人而复哀后人也。"估计没少听爷爷讲历史。

杜佑的记载告诉我们，从玄宗上位到安史之乱，大唐的军队一直在扩张，军费一直高企不下。

豪奢成风的李唐王朝，其实一直在为钱发愁。

早在宇文融下台之时，唐玄宗就有过历史上的著名一问，他问弹劾宇文融的大臣们：你们都说宇文融坏，现在我把他赶走了，你们谁给我弄钱？

谁给他弄钱呢？

裴耀卿和李林甫。

前面说了，这两位都是宇文融举荐的政治新星。在财政大方向上，二人政见一致，但裴耀卿更像一个技术型官员，为人正派，不喜欢政治斗争。

李林甫与张九龄，一个是旧官僚贵族子弟，一个是通过科举入仕的文士精英。一个是维护皇权统治，一个以道统为先，心系黎民。

不管是阶层立场，还是施政纲领，二人的矛盾不可避免。

读者诸君如果心细便会发现，行文至此，我没有使用"奸臣"一词。在传统史书里，李林甫这样的人往往被涂上一层又一层脸谱，画像也巨丑，脸色阴郁，目露凶光，恨不得把"奸"字写在脑门上。

唯忠奸论，会让我们忽略重大事件的复杂因素。一个宰相能专权十九年，肯定不是只靠奸诈。

有唐一朝，靠颜值吃饭的不在少数。朝廷的重臣要接待万国使者，要代表朝廷威仪四方，出将入相，颜值、风度至少对得起观众。后文将提到的封常清，就因为长得丑差点被埋没。

李林甫长什么样子，我没看到照片，估计中等是有的。当然这不是重点，重点是李林甫的才能。

中书省一把手裴耀卿，更像个技术专家、工程师。从公元735年新宰相班子建成之初，裴耀卿就开始了他的首都粮食计划。

简单来说，原来粮食从江淮、中东部运往长安，过于依赖黄河水位，时间不稳定，运费还非常高。

裴耀卿在黄河三门峡下游开挖支流，绕开巨石，把货物运往长安郊区，再改陆运。这项措施，使原来136公里的陆地运输线，缩短到只有8.5公里。加上一系列调度、流程改进，运输效率大大提高，一年之后，长安粮食就吃不完了，依旧是"公私仓廪俱丰实"。

这是一名优秀的物流专家。

而李林甫，是一位专注于财政的改革大臣。

众所周知，中国历代王朝都面临一个管理问题，就是疆域太大。一项政策从大明宫到几千里外的一个小县城，怎么能不走样？各地的经济、文化、习俗千差万别，怎么避免一刀切的惰政？天高皇帝远，中央怎么控制偏远地方……

这些问题，真的很考验中央，很多问题几乎无解，全靠道统制约。

李林甫精于吏治，是"精明的行政官员和制度专家"（《剑桥中国隋唐史》）。他执政期间诸多改革细节已经模糊，我们只知道，因为有大量的案牍工作，李林甫和他的幕僚每年用纸五十万张。

一系列改革后，中央对地方的控制力更强，减少各地政府的财政支出，简化行政流程。尤其是对待同一级别的州县，李林甫善于从各地的实际出发，来制定各种税收政策，客观上也推进了税制进步。

杜甫在《忆昔》里还有一句，"九州道路无豺虎，远行不劳吉日出"，豺虎指拦路打劫的犯罪分子，可见开元时期治安良好。李林甫当权第三年，大理寺公布的死刑犯人数，全国只有五十八人。这至少说明，李林甫当政初期，并没有造成民间动乱。

真正让朝廷伤元气的，是在军事上的一系列决策。

就在朝堂领导班子大换血之际，在遥远的东北营州（辽宁朝阳）边境，一个三十来岁的粟特族小混混潜入大唐国土，偷了几只羊。

营州唐军将他捉住，押到幽州节度使张守珪帐下，准备杀头。刽子手的大刀还没举起，这个小混混就对张守珪说，你想要打败契丹和奚，正是用人之际，很显然，我就是你要找的人。

张守珪佩服这个小混混的胆量，又发现他竟然会说六国语言，脑子活，下手狠，是个人才，就让他做了一名"捉生将"。

这个小混混，名叫安禄山。

安禄山，公元703年出生，父亲是粟特人，母亲是突厥人，《旧唐书》里称他为"杂种胡"。为了不带种族偏见，我们可以称之为"混血胡人"。

混血胡人安禄山，特别能混。

他出身低微，幼年丧父，跟随母亲另嫁。小小年纪，就混迹于契丹、奚和唐朝边境，穿梭于各个国家和部落之间做"牙郎"，也就是买卖经纪人。他能说六国语言，就是在这个环境下锻炼的。

跟着他一起混社会的，还有他的邻居兼小弟，名叫史思明。多年以后，这两个名字将成为李唐王朝的噩梦，成为大唐光辉史册上的一篇残章。

安禄山以"捉生将"起步，官不大，却非常适合他。所谓捉生将，就是带着几个小弟，骑几匹马在边境巡视，看到敌人的大部队就回来报信，遇到散兵游勇就当场捉回。

他血液里有突厥人的勇猛和粟特人的聪明，凭借胡人的长相和熟练的多族语言，他总能让敌人进入他的圈套，经常带三五个人出去，"生擒契丹数十人"。

张守珪交给他的兵越来越多，最后干脆收他为义子，晋升偏将。

从这时可以隐隐看出，安禄山身上具有鲜明的雇佣兵特质，没有民族立场，也缺乏忠君思想，中原王朝的儒家道统也无法进入他肥胖的躯体，他的一切行为，完全受利益驱动。哪一方威胁到他，不管是谁，他都会毫不手软。

唐朝的包容开放历史罕见，用过很多外族将领，我们很快就会发现，安禄山与其他番将有本质区别。

公元734年冬，张守珪率军讨伐契丹，斩下契丹王的头颅快递到洛阳，挂在洛阳天津桥头示众，大唐威风一时。第二年春，玄宗准备封张守珪为宰相，被张九龄劝阻。

张九龄对玄宗说："宰相是天子的代言人，不是随便拿来封赏的。"玄宗弱弱地问："那就让他挂个虚衔，不担任实职，行不行啊爱卿？"张九龄说："不行。你要是想赏赐他，可以给他财物或别的官职，打败契丹就封宰相，那以后灭了突厥和奚，你又拿什么封他呢？"

玄宗默默接受——自己任命的宰相，忍忍吧。

又过了一年，张守珪再次讨伐契丹和奚，领兵的大将已经是安禄山，由于他的轻敌冒进，导致全军溃败。

这就是坑爹了。

按照军法，安禄山当斩；回到私交，安禄山可活。张守珪左右为难，只得将他押送到朝廷，唐玄宗爱惜安禄山的才能，免掉他的官职，仍旧保持权力，叫作"白衣将领"。

于是，就有了唐朝历史上最著名的一场对话：

张九龄说："禄山失律丧师，于法不可不诛。且臣观其貌有反相，不杀必为后患。"

唐玄宗说："卿勿……枉害忠良。"

玄宗对待张守珪和安禄山的态度，释放出一个明显的信号，就是朝廷对武功的迷恋。

这是李唐王朝的时代潮流。顺者昌，逆者亡。

张九龄这个不合时宜的老臣，即将被挤下舞台，牢牢占据C位的人，将是李林甫。所用的手段，还是熟悉的配方，阴谋阳谋一起来。

⑥ 男人们的宫斗

前文提到，李林甫给过武惠妃承诺，"愿尽力保护寿王"，他没有食言。

武惠妃向玄宗哭诉说，太子李瑛与鄂王李瑶、光王李琚要谋害他们母子。玄宗听后大怒，准备废掉太子。

这可是大事。

张九龄又站出来阻止，从春秋战国的晋献公杀太子导致三世大乱，到汉武帝、晋惠帝，再到隋文帝废掉太子杨勇，导致家底被杨广败完，噼里啪啦一顿说，意思就一个，没事您换什么太子呀，嫌天下太平了是不？再说，李瑛三兄弟也没什么错啊。

武惠妃赶紧向张九龄传话，谁当太子不是当啊，你要是帮我，我保你宰相稳稳的。原话是："有废必有兴，公为之援，宰相可长处。"

张九龄对传话的宦官一顿怒斥，又把这事告诉了唐玄宗。武惠妃这道梁子，算是结下了。

武惠妃的宦官带回一个坏消息，唐玄宗的宦官却带回一个好消息，李林甫向他传话："此主上家事，何必问外人。"

是呀，唐玄宗想通了，换不换太子是我的家事，何必听张九龄这个老顽固的呢。

几个月之后，事情简直是在按照剧本上演，唐玄宗又收到了太子谋反的举报。在秘密会议上，玄宗（假装）征求宰相们的意见，张九龄主张依旧，李林甫的主张也没变，再次说出那句名言："此陛下家事，非臣等所宜豫。"

于是，"上意乃决"。

在揣摩老板心思上，李林甫甩张九龄一条朱雀大街。

太子李瑛、鄂王李瑶，以及光王李琚先被废为平民，随即全部赐死，连同他们的舅家，流放的、贬官的几十号人。

武惠妃赢了，儿子李瑁却同样是输家。

老爹夺走了三位哥哥的性命，同时也夺走了他的妻子——那个叫杨玉环的大美女。

从此大唐画卷上，除了激烈的朝堂党争、大漠的刀光剑影，又多了一抹浓艳。

李林甫排除异己的计划还在继续。

此时，他已经是玄宗政治纲领的坚定拥护者。手持利器，所向披靡，所有反对我的人，全部下台，整个朝廷，必须都是我的支持者。

一个叫牛仙客的朔方节度使，因为节约军费，使府库充裕，李林甫上奏朝廷，让牛仙客也做宰相，玄宗继续同意，张九龄继续说不。

经过一系列的明争暗斗，李林甫已经具有碾压优势。在一桩所谓污蔑宰相案件中，因为当事人是张九龄所举荐，张九龄被牵连其中，贬到荆州，三年后在郁郁中去世。中书令的大印，收入李林甫囊中。至于那个搞技术的裴耀卿，也被他捎带手收拾了。

这是贤相集团的终结，此后的大唐将在聚敛集团的带领下开足马力，迎接来自渔阳的鼙鼓声。

大权独揽，李林甫接下来就是斩草除根，任何不同的声音都要消灭。

他把谏官群臣召集到一起，颐指气使：各位请看那些立仗马，只要听话，不吵不动，就能享受三品草料；如果乱动乱叫，马上推出去。

"臣明白了""恩相，我懂了"……众人一片附和声。

"王拾遗，这么和谐的朝堂氛围，你要不要赋诗一首啊？"李林甫和蔼可亲，问中书省一个小官。

王拾遗一脸尴尬，"下官不善写诗。"

"不善写诗？你王维不善写诗！"李林甫微笑依旧，"'所思竟何在？怅望深荆门。举世无相识，终身思旧恩。'我看你这首《寄荆州张丞相》写得很好嘛。"

王维无言。

"这样吧，诗我就不要了，听说你诗画双绝，寒舍里新建了一座道观，道观里有三面白壁，左边是郑虔的山水，右边是吴道子的八仙，中间那块，就差你的丹青了。"李林甫说完，扬长而去。

政坛一片寒意，边境也弥漫着血腥之气。

从东北到西北，再到西南，除了东部和东南沿海，几乎每个边境都在打仗。

这些战争的性质后面另说，让我们先看一下当时大唐的军事家底和它面临的威胁。

从开元初年改府兵制为募兵制以来，到开元末不到三十年，已经完成了军事大换血。此时的大唐，在全国边境屯兵共49万人，战马8万匹。

这些士兵分布在全国十大军区（藩镇），每个军区的一把手叫节度使。

具体兵力布局如下（以下选取开元末天宝初的数据）：

范阳（治所幽州）：91400人

平卢、卢龙（治所营州）：37500人

河东（治所太原府）：55000人

朔方（治所灵州，今宁夏灵武）：64700人

陇右（治所鄯州，今青海乐都）：75000人

河西（治所凉州，今甘肃武威）：73000人

安西（治所龟兹城，今吐鲁番一带）：24000人

北庭（治所北庭都护府，今乌鲁木齐东北一带）：20000人

（这是西域两大都护府，分管天山南北）

剑南（治所益州，今成都）：30900人

岭南（治所广州）：15400人

各大藩镇根据实际情况，会将兵力分作若干小军镇。另外在山东、福建还分布着少量军队，大概3000人。

广袤的国土内部，除了长安有少量兵力用来拱卫首都，其他地方几乎没有兵卒。打篮球的都知道，后场不能没人啊。这叫"强枝弱干"。

后来赵匡胤就吸取了这个教训，把大宋带向另一个极端——"强干弱枝"。

这将近50万兵力是什么概念呢？

当时大唐全国人口将近5000万，相当于每百人就有一人从军。不要小看这1%的征兵率，在古代这算高的。如果按这个比例，我国现在有14亿多人口，就会有1400万军人，这是无法想象的，中国现役军人只有200万。

在很多史料里，唐玄宗背负的骂名总有一项，叫"穷兵黩武"。有没有冤枉他，还得从大唐与周边国家的战争性质说起。

自李世民、李治开始，唐朝疆域通过武力威慑、文化经济输出和公主输出，国土面积达到顶峰，小弟们团结在大哥周围，你牧马来我耕田，互通有无，一片祥和。

唐玄宗继位初期，在姚崇宋璟张说们的和平纲领下，与民休息，广开言路，整治官吏，社会迎来大繁荣。在军事上并没有明显的扩张行动。

英国人在清末说过，没有永远的朋友，只有永远的利益。

到唐玄宗中期，吐蕃、突厥先后打破外交平衡，争夺利益。朝堂日趋腐败的政治，起到加速作用。

河西走廊烽烟再起。

李林甫家里的壁画墨迹未干，王维便接到了新任务，到凉州出差。这是政治斗争惯用的伎俩，说好听点，是让你代表朝廷，去前线宣示皇恩，其实就是，你出局了。

理由非常充分。

河西节度使崔希逸，刚刚跟吐蕃大战一场，吐蕃大败。按照惯例，朝廷会派出使者前去慰问嘉奖。

于是，王维以监察御史的身份领命，驾着单车西出长安。过了萧关（今宁夏固原），尽是茫茫戈壁大漠。这个隶属河西军区的关隘，在王维眼里却充满诗意。

他随手发了一个朋友圈：

> 单车欲问边，属国过居延。
>
> 征蓬出汉塞，归雁入胡天。
>
> 大漠孤烟直，长河落日圆。
>
> 萧关逢候骑，都护在燕然。

这就是流传千古的《使至塞上》。"居延"是居延城，"燕然"是燕然山，即今天蒙古国境内的杭爱山。王维是用汉朝和匈奴来比喻大唐和吐蕃。

从诗歌的角度看，"大漠孤烟直，长河落日圆"，无疑是唐诗绝唱。

但如果从历史的角度看，"都护在燕然"的信息量更大。"都护"是指崔希逸，他刚大败吐蕃立下战功，但战争并没有平息，崔都护依然行军在外。单看这句诗，貌似这是一个好打仗、能打仗的战将。

其实不是。崔希逸虽然身为河西节度使，是个武将，却有一颗热爱和平的心，是个和平主义者。

如果大家细看河西军区及其治所凉州的位置，就会发现这是河西走廊的咽喉。它北面是突厥，南面是吐蕃，只留一条细长的通道，是大唐到西域的生命线。凉州、阳关、玉门关，在当时明明是弹丸之地，为什么在唐诗中存在感那么强？

位置太重要了。

大唐在这里布下73000人兵力，也是这个原因，当然，吐蕃也一样。边境线上，双方都是重兵防御，剑拔弩张，搞得当地两国的百姓不敢放牧种田。

崔希逸找到当时吐蕃的将领，对他说，兄弟你看，咱们两国现在亲如一家，何必弄得这么紧张呢。百姓不敢种田，牧民不敢放牧。我提议，咱们都退兵，让双方的百姓安心搞农牧业。

原话是："两国通好，今为一家，何必更置兵守捉，妨人耕牧！请皆罢之。"

吐蕃的将领叫乞力徐。巧了，这位也是一个和平主义者。他对崔希逸说，崔大人啊，我知道你是个忠厚的人，不会欺骗我。但你们朝廷上的事，你未必说了算，万一我撤兵了，你们来个突袭，我不就完了吗。

崔希逸一听，有道理，那咱们歃血为盟，指天发誓。双方杀掉一只白狗，把血抹在嘴上，发誓两国遵守诺言，不主动用兵。

于是两国边境牛羊遍地，一派田园景象。

前面说了，大唐有很多附属国，这些小弟如果被别人欺负了，就会找大哥出头。

这一天，唐玄宗打开邮箱，收到一封勃律国发来的加密信：大哥救我，吐蕃砸我场子。

竟然欺负我小弟！唐玄宗马上喊话吐蕃：住手。

虽然胳膊拧不过大腿，但不代表不敢拧。吐蕃向大唐投来轻蔑一笑，你说话不好使啦。

看过古惑仔电影的都知道，这个时候，当大哥的十有八九会出头。小弟都不管了，大哥威信何在！

插一句，勃律国就是现在的克什米尔，跟中国西藏和新疆搭界，那地方至今一半被巴基斯坦统治，一半被印度占据，战火一直没停止过。

按说，这里距离河西军区有几千里，战火再大，也烧不到坐镇河西的崔希逸。可命运就是个脱口秀演员，总有意外等着你。

崔希逸有个叫孙诲的侍从，一心要建立军功，借着入朝的机会向朝廷提议，说现在吐蕃已经撤兵了，没有防备，咱们突发奇兵，一定能打他个措手不及。玄宗太喜欢这个消息了，马上安排一个官员跟着孙诲回河西，让他们见机行事。

这个早看见"时机"且一心要打仗的官员，一见到崔希逸，就宣读了圣旨，命他进攻吐蕃。

抗旨是不可能的。崔希逸一声叹息，调集兵马，深入吐蕃两千里，斩首吐蕃士兵二千人，乞力徐仓皇逃命。不难想象，乞力徐见到吐蕃王，会怎么评价大唐和崔希逸。

这场战役的结果是，那两名主战的官员"皆受厚赏"，"自是吐蕃复绝朝贡"。

大唐与吐蕃仅有的信任，从此土崩瓦解。

王维穿过长河落日，来到大漠孤烟的凉州，给崔希逸送来了朝廷的嘉奖，也送来另一千古名篇：

> 居延城外猎天骄，白草连天野火烧。
>
> 暮云空碛时驱马，秋日平原好射雕。
>
> 护羌校尉朝乘障，破虏将军夜渡辽。
>
> 玉靶角弓珠勒马，汉家将赐霍嫖姚。
>
> ——《出塞作》

依然是借汉朝说唐朝：居延城外，胡人策马奔腾，烧掉草原驱赶猎物，弯弓射大雕。

崔大人带着校尉，朝登城墙，夜渡辽水，战功赫赫。看啊，那些镶玉宝剑、雕弓宝马，就是对你们——我大唐的霍去病们的赏赐。

随后吐蕃反攻，又被崔希逸打败。他荣耀加身，不久后卸任河西节度使，回到洛阳做了河南尹。

战场的硝烟远去了，可他心里的愧疚越来越重，那是个重然诺、重义气的时代。崔希逸回到洛阳，"自念失信于吐蕃，内怀愧恨，未几而卒"。临死前，他让女儿出家为尼，一生青灯古佛，超度那些死在战场上的孤魂。

一个人的努力很重要，但也要考虑历史的进程。

崔希逸和乞力徐，这两个和平主义者的努力，最终还是湮灭在历史进程里。

⑦ 战士军前半死生

西部烽火不绝，东北也烟尘弥漫。

此时，张守珪的名将人设已经崩塌，每次跟契丹和奚打仗，战败谎报大捷，小胜虚夸成逆天功劳。安禄山对干爹的决定完全赞同，因为他更没有崔希逸那种和平思想，他是雇佣兵，是军阀，战场上的鲜血会让他兴奋。

打仗——邀功——封赏加官——继续打仗。

东北唐军把这套闭环玩得贼溜，唐玄宗也乐于听到好消息。当年姚崇十条建议中的"不贪边功"，早被他丢在了华清池里。

但是，骗得了远在长安的玄宗，骗不了高适。

王维是画家之眼，大漠孤烟，长河落日，皆是边塞的宁静。

高适是军人之眼，幽燕狼烟，血肉横飞，尽是前线的残酷。

这一切，都写在他的《燕歌行》里。

这首诗很长，但我还是决定全篇录上。因为这首诗很矛盾，又很客观，堪称当时的一个历史切片。史书冰冷的事件，在这里有了温度。

开头四句，写得很客观：

> 汉家烟尘在东北，汉将辞家破残贼。
> 男儿本自重横行，天子非常赐颜色。

仍是以汉喻唐，东北硝烟不绝，契丹和奚很残暴。我大唐男儿本来就善于纵横沙场，玄宗也非常赏脸，恩宠有加。

> 扰金伐鼓下榆关，旌旆逶迤碣石间。
> 校尉羽书飞瀚海，单于猎火照狼山。

山海关下，鸣金擂鼓。碣石之间，旌旗蔽日。军事文书飞越大漠，契丹的猎火照亮狼山。

> 山川萧条极边土，胡骑凭陵杂风雨。
> 战士军前半死生，美人帐下犹歌舞。

我们的边境山川萧条，敌人的铁蹄侵如风雨。战士们在沙场拼命，将帅们却伴着美人歌舞。

各位请注意，爱国将领和为个人利益而战的军阀，本质区别就在于是不是为了百姓。当时距离安史之乱还有十几年，高适非常敏锐，他已经隐隐感到战争的变味。

他接着写道：

> 大漠穷秋塞草腓，孤城落日斗兵稀。
> 身当恩遇常轻敌，力尽关山未解围。
> 铁衣远戍辛勤久，玉箸应啼别离后。
> 少妇城南欲断肠，征人蓟北空回首。

大漠深秋，草原枯萎，落日下的孤城，士兵们绝望坚守。他们原本是勇敢的，却陷于重围。他们身着铁甲远赴沙场，妻子在家提心吊胆，而他们能做的，只是向家乡眺望。

> 边风飘飘那可度，绝域苍茫更何有。
> 杀气三时作阵云，寒声一夜传刁斗。
> 相看白刃血纷纷，死节从来岂顾勋？
> 君不见沙场征战苦，至今犹忆李将军。

山高路远，绝境苍茫，他们很难回家了。陪伴他们的，只有一日三时、如同乌云压顶的杀气，只有寒夜里惊心动魄的刁斗声。

最后，高适说出最重要的一点：这些血染沙场的士兵，是抱着保家卫国的大义而战，不是单纯为了功勋。正是征战太苦，死伤太多，所以士兵们都想有一个李广那样的将领。

提起李广，大家首先想到的是战神，毕竟"飞将军"这个绰号，还是匈奴人给他取的。但在这首诗里，高适更多的是指李广的为将之道。

李广非常爱惜士兵，清廉朴素，得了赏赐先分给部下，跟士兵一个锅吃饭，不搞干部食堂。行军途中遇到水源，士兵没喝李广不喝，士兵没有吃完饭，李广一口不吃。他死后，家里没有多余的财产。所以士兵们都愿意跟着他打仗。

这才是高适想说的：大唐的兵是好兵，将帅不靠谱。

盛世大唐，已经埋下乱世的伏线。

这首诗太牛，以至于好哥们儿王昌龄忍不住一键三连，用一篇大作《出塞》声援：

> 秦时明月汉时关，万里长征人未还。
>
> 但使龙城飞将在，不教胡马度阴山。

如果有李广在，吐蕃、突厥和契丹们怎么敢侵扰边境！

这真是悲壮，无奈，讽刺。泱泱大唐，居然期待一个前朝将领！说明什么？说明边将的骄横与腐败，已是普遍现象。

时间来到公元742年，大唐启用新年号"天宝"，开元盛世正式翻篇，唐玄宗也迎来了他的下半场。

08　诗歌的顶峰，诗人的低谷

要打仗，就得花钱。要筹钱，就得征税。

"开元之前，每岁供边兵衣粮，费不过二百万；天宝之后，边将奏益兵浸多，每岁用衣千二十万匹，粮百九十万斛，公私劳费，民始困苦矣。"（《资治通鉴》）

也就是说，从天宝开始，军费是原来的五六倍，百姓负担非常重。

这一年，大龄青年高适还在老家，读书种地，对着民间疾苦叹息。

杜甫此时已经结束吴越和齐鲁之游，回到洛阳。他的诗囊里已经装了几首注定不朽的诗歌，"会当凌绝顶，一览众山小"，大唐的繁荣和现实的窘迫，交织在他三十岁的躯体里。

杜甫搬到洛阳郊区的首阳山，开挖了几间窑洞，作为藏身之所。他在洛阳四处求职，处处碰壁，两京的官场早没了提携后辈的传统。祸不单行，他视如生母的姑妈又在这时去世。唯一的慰藉，是那个姓杨的姑娘，在这时嫁给了他。贫贱结夫妻，杜甫终其一生，都和杨姑娘恩爱有加。

这段时光，杜甫后来说起，只用了十个字：

二年客东都，所历厌机巧。

——《赠李白》

他遇见很多投机取巧、蝇营狗苟的人，他在洛阳没有归属感，如同过客。这首诗倾诉的对象，是那个叫李白的家伙。

当然，此时的李杜还互不相识，超级网红李白也体会不到"客东都"的感受，因为他刚刚收到朝廷的诏书，一路狂奔来到长安。

临行之前，他得意忘形，喊出唐诗里最狂妄也是最容易打脸的一句话：

> 仰天大笑出门去，我辈岂是蓬蒿人。
>
> ——《南陵别儿童入京》

他很快就笑不出来了。

笑的是唐玄宗，他对李白呵呵一笑：你呀就是蓬蒿。

那个时期，唐玄宗只喜欢两种人，一种是能给他提供乐趣的人，比如杨玉环，比如乐工。有个叫贾昌的少年，因为善于斗鸡，被唐玄宗请进宫里，恩宠有加。贾父在老家去世，贾昌千里奔丧，一路上尽是地方官扶着丧车痛哭。当时民谣唱道："生儿不用识文字，斗鸡走马胜读书。贾家小儿年十三，富贵荣华代不如。"

四十一岁的李白很快发现，他在玄宗心目中的位置，并不比那个斗鸡的小青年高多少。

找他进宫，不过是唱唱帝王赞歌，写写贵妃美貌：

> 云想衣裳花想容，春风拂槛露华浓。

　　若非群玉山头见，会向瑶台月下逢。

——《清平调》

　　唐玄宗喜欢的第二种，是能给他搞钱的人。

　　从韦坚到杨慎矜，再到王𫟅，政坛上呼风唤雨的，是一个个财政能手。李林甫挑起大梁，聚敛集团你来我往，一边相互倾轧，一边聚拢财富。

　　这些人的政策，当然会有一些有利的部分，但农业时代的天花板非常明显，物力达到一定程度就会内卷，国富的代价，一定是民穷。

　　拿户部侍郎王𫟅来说，没有他榨不出的油水。这一年，有些地方因为自然灾害等原因，朝廷对那里的农户免征租税。

　　不收税怎么弄钱啊。

　　王𫟅另下一道指令：你们这些小民，要感谢朝廷隆恩，既然免你们的税了，那从你们这里经过的运粮费用，你们承担一下。

　　结果，这些地方的农民，承担的运费比原本的租税还多一倍。

　　农民苦，军人呢？更苦。

　　按照当时法律，凡是军人都免租税，以六年为期。这原本是个合理的制度。可王𫟅把控着户部，很多士兵都战死了，却不让他们销户。六年后，军人家庭继续多交一个人的税。

　　让为国捐躯的人交纳"死人税"，王𫟅可真是一把敛财好手。

　　要命的是，这些钱并没有进入国库，而是进入了唐玄宗的内库，进入了财政大员们的家库。

　　更要命的是，这不是王𫟅一个人能办到的。前线的将领们也不愿意报告伤亡数量，死的人多了，那多没面子，况且，朝廷拨给的军费，岂不是要减少了。

于是，歌舞升平，捷报依旧。

> 闺中少妇不知愁，春日凝妆上翠楼。
> 忽见陌头杨柳色，悔教夫婿觅封侯。

王昌龄这首诗叫《闺怨》，其实，有怨的何止那些军嫂，还有把儿子送上战场的父母。当他们的男人、儿子、父亲消息断绝，生死未卜，甚至已经死亡，而家里还在交税时，建功立业光宗耀祖的梦就已幻灭了。

> 明月出天山，苍茫云海间。
> 长风几万里，吹度玉门关。
> 汉下白登道，胡窥青海湾。
> 由来征战地，不见有人还。
> 戍客望边邑，思归多苦颜。
> 高楼当此夜，叹息未应闲。

这首《关山月》，似乎是李白对王昌龄的回应。初读时，我们往往只惊叹于前四句的磅礴。只有就着历史，才能感受到诗仙的温情。最后四句是说，那些前线的士兵遥望边城，悲苦愁闷，他们的妻子也在夜晚登上高楼，哀叹不绝。

可是，此时的大唐蒸蒸日上，谁会在乎一个闺中少妇的愁怨呢？

近六旬的唐玄宗不在乎。杨玉环丰满的曲线，起伏着江山的轮廓。华清池的温泉，蒸腾着盛世烟霞。"一骑红尘妃子笑"，"君王从此不早朝"。

那些琐碎的政务，就交给李相去处理吧。

"上从容谓高力士曰：'朕不出长安近十年，天下无事，朕欲高居无为，悉以政事委（李）林甫。何如？'对曰：'……天下大柄，不可假人。'"（《资治通鉴》）

玄宗当然没听高力士的。从这点讲，晚年的唐玄宗，还不及一个太监有见识。

高兴的是李林甫，他即将走向权力巅峰。

唐玄宗每放下一些权力，就意味着李林甫多了一些权力。此时，他已经身兼十几个职位，政治、军事、财政、人事无所不包。他已无所忌惮。

一场政治大绞杀开始了。

李林甫打击政敌，简直是无差别对待，只要政见不和，威胁到他的权力，他一定置对方于死地。什么"野无遗贤"，把持人事任免，挤掉几个小文官之类，对他来说都是毛毛雨，都不用亲自出面。

财政大臣韦坚，左相李适之，户部侍郎杨慎矜，河西节度使皇甫惟明……一个个朝臣都死在李林甫的"口蜜腹剑"下。

请注意，这些人可都不只是一个人，还包括他们身后的家族、朋友、同僚。比如当时大名鼎鼎的书法家李邕，是文坛老前辈，本来在山东谈诗论文，骂骂崔颢，夸夸杜甫，指点指点李白，活得好好的，却被长安飞来的一口大锅砸中。李林甫派人到山东，竟将这位七十岁的老人活活杖杀。

李林甫整人的手段并没有什么创新，都是古老的"政斗"手艺。先寻找所谓的证据，没有证据就制造证据，扣上一个天大的罪名，谋反啊，私藏谶书啊，等等。然后派出他的两大酷吏，一个叫吉温，一个叫罗希奭，严刑审讯。这两位在当时人称"罗钳吉网"，提起这两个名字就令人胆寒。

大唐自武则天时期的酷吏死灰复燃，再创辉煌，没有撬不开的嘴，没有定不了的罪，没有拿不下的人。

很多人听说李林甫的酷吏上门，都会说一句谍战片里的经典台词："我知道你们的手段。"随后自杀。

公元747年，唐玄宗决定攻打吐蕃人占据的要塞——石堡城（今青海省湟源县日月乡）。

当时统领河西、陇右两大军区的王忠嗣，向唐玄宗建议，说石堡城居高临下，只有一条小路可以上去，易守难攻，要拿下它至少得死掉好几万士兵。并且那地方一片荒芜，就算拿下来用处也不大，总之是不划算。

此时的玄宗，已经很难听进谁的建议了。在他看来，这就是畏战。于是罢免王忠嗣的一把手，让他做副手，协助董延光攻城。

王忠嗣是个难得的人道主义者，他曾说过："太平之将……不可疲中国之力以邀功名。"

一个从心底里不愿打仗的人，自然不会全力以赴。整个攻城过程，王忠嗣不拒绝，不主动。如果战胜了，这也没什么大错。可如果战败，问题就严重了。

石堡城一战，果然如王忠嗣所料，易守难攻，唐军大败。董延光打仗不行，甩锅一流，立刻上奏玄宗，说王忠嗣阻挠军计。

王忠嗣会阻挠军计吗？估计连唐玄宗自己都心虚。

在当时，王忠嗣的名望不是一般的大。他父亲王海宾在李隆基还是太子时，曾是太子府军队的一把手，忠心耿耿。后来率军出征，对抗吐蕃，立下赫赫战功，不幸战死沙场。

父亲死时，王忠嗣还不到十岁。唐玄宗把这个烈士遗孤接回宫里抚养，让他与现在的太子李亨一起读书，两人情同手足。连"忠嗣"这个名字都是玄宗亲自为他取的，意为"忠良后嗣"。

长大后，王忠嗣青出于蓝，谙熟兵法，作战勇猛，跟杀父仇人吐蕃打仗，很少会输，威震西域几千里。

这样一个人，有必要阻挠军计吗？！

李林甫又站了出来："可以有。"

他向唐玄宗说了另一种可能。"皇上啊，王忠嗣曾经给我说过，他自幼在宫中长大，与太子关系很铁，打算保留兵力，拥立新君。"

中唐刘禹锡遭受政治打击，曾有一句诗："长恨人心不如水，等闲平地起波澜。"

李林甫是个中高手，等闲平地，也能推波助澜。唐玄宗半信半疑。

他信的，是他的儿子李亨。

唐玄宗说："吾儿居深宫，安得与外人通谋，此必妄也。"

他怀疑的是王忠嗣。唐玄宗将他召回长安，打入大牢，三司会审。所幸，毕竟是诬陷，并没有找到证据。一纸调令，把王忠嗣贬出中央。

王忠嗣下台了，董延光不靠谱，派谁打石堡城呢？

一首民歌从西北响起：

> 北斗七星高，哥舒夜带刀。
>
> 至今窥牧马，不敢过临洮。

没错，王忠嗣手下还有两员大将，一个叫李光弼，一个就是这首民歌的男主，名叫哥舒翰。

两年后，唐玄宗命令哥舒翰再次攻打石堡城，此时的哥舒翰已是陇右节度使，集结六万多大军，开到石堡城下。

等待这些士兵的，不是刀剑弓弩，不是铁马坚盾，而是两种很原始的武器——滚石和圆木。

吐蕃守兵占据高地，看到往上爬的唐兵，只需扔木头大石，就能碾压一片。

十几天的血战后，哥舒翰终于攻下石堡城，唐军清理战场，发现吐蕃守军只有数百人，俘虏四百人。而唐军死亡人数，是数万。

这个数据出自《资治通鉴》，有点不可思议，目前史学界存在争议。

但一个不争的事实是，唐军以血流成河的代价，只换取了微不足道的所谓军功。

更讽刺的是，既然攻了城、略了地，总不能不管吧。哥舒翰就在这里驻扎了两千兵力，开荒守卫。没过多久，吐蕃又集结兵力杀了回来，轻松夺回石堡城。

一切都如王忠嗣所料。

那数万大唐士兵的血，算是白流了。

这一年的李白，早已"赐金放还"，离开长安。诗歌的盛世，却容不下诗仙。

战场上的残酷，政坛上的阴谋，都写在太白的诗句里：

> 君不能狸膏金距学斗鸡，坐令鼻息吹虹霓。
> 君不能学哥舒，横行青海夜带刀，西屠石堡取紫袍。

狸膏是狐狸的脂膏，抹在斗鸡头上，威慑敌鸡；金距是装在鸡爪上的刀片；紫袍是高官的官服。

这两句是说：你不能像贾昌那样，整天琢磨怎么斗鸡，以此获宠，鼻孔朝天；也不能像哥舒翰那样，用士兵的鲜血换取紫袍加身。

> 黄金散尽交不成，白首为儒身被轻。
> 一谈一笑失颜色，苍蝇贝锦喧谤声。

跟他们一起喝酒，还是成不了朋友，我这个书生总被轻视。跟他们在一起，一谈一笑都要小心，他们像苍蝇一样喜欢罗织罪名。

君不见李北海，英风豪气今何在！

君不见裴尚书，土坟三尺蒿棘居！

少年早欲五湖去，见此弥将钟鼎疏。

——《答王十二寒 夜独酌有怀》

你看李邕，被他们整死了。裴敦复，也被他们整死了。

咱们啊，还是早点归隐吧，功名利禄别看太重。

朝廷的腐烂，连李白这个政治小白都看出来了。

这首诗里还有一句："世人闻此皆掉头，有如东风射马耳。"李白说得对，玄宗、李林甫都在忙大事，显然不会在意一个儒生的高谈阔论，东风射马耳，就是耳旁风。

我们总说李白是浪漫主义诗人，好像这家伙一身仙气，不食人间烟火，更不会关心国计民生。

其实不是的，李白也有现实主义的时刻。

还是这两年，另一首现实主义大作横空出世，诗仙飘逸的身影，突然厚重起来。

来吧，让我们看看诗仙眼中的天宝底色。这首诗叫《战城南》：

去年战，桑干源，今年战，葱河道。

洗兵条支海上波，放马天山雪中草。

万里长征战，三军尽衰老。

匈奴以杀戮为耕作，古来唯见白骨黄沙田。

秦家筑城避胡处，汉家还有烽火燃。

烽火燃不息，征战无已时。

野战格斗死，败马号鸣向天悲。

乌鸢啄人肠，衔飞上挂枯树枝。

士卒涂草莽，将军空尔为。

乃知兵者是凶器，圣人不得已而用之。

桑干河在北方，葱河在新疆，条支是当时的西域古国。

这些衰老的士兵常年征战，无辜死亡，无人收尸，将领们也没什么收获。最后一句显然是说给朝廷的，不要轻易打仗。

可惜，李白说到底只是个诗人，用五绝还是用七律，他说了算。打不打仗，朝廷说了算。

公元745年是天宝四载。

这一年，安禄山手握范阳、平卢两大军区重兵，侵犯契丹和奚。契丹王杀掉玄宗的外孙女，奚王杀掉玄宗的外甥女，同时跟大唐决裂。可怜这两个和亲的公主，才刚刚嫁到这里半年。

这一年，李林甫带着他的"罗钳吉网"，正在大杀四方，左相李适之即将被挤下相位。

还是这一年，杜甫三十三岁准备离开洛阳，到长安寻找机会。他很快就会看到李适之的豪迈和酒量，并为这个左相写下《饮中八仙歌》的名句：

左相日兴费万钱，饮如长鲸吸百川，衔杯乐圣称避贤。

当然，这一年最风光的人，是二十六岁的杨玉环，她刚刚晋升为大唐贵妃。六十岁的唐玄宗，皱纹里都是满满的荷尔蒙，于是"三千宠爱在一身"。

此时这些人还不知道，也是这一年，在遥远的四川，一个小混混已经收拾好行囊，即将来到长安。不久之后，他将改变所有人的命运。

他的名字，叫杨国忠。

(09) 杨家发迹，禄山乱舞

彼时，大唐的政治文明早已破坏，边将们如果朝中没人，很缺乏安全感。

剑南节度使章仇兼琼，就是其中一个。

顺便插一句，大名鼎鼎的乐山大佛，就得到过章仇兼琼的巨额资助。很显然，朝中有李林甫在，佛祖也不能给他安全感。

他必须找一个靠山。

章仇兼琼有一个幕僚，名叫鲜于仲通（二人都是罕见的复姓，缘分）。鲜于仲通是个官场老混混，就向章仇兼琼推荐了杨国忠这个小混混。

一顿高规格的招待后，杨国忠受宠若惊，问两位四字大人："你们找我做什么？"

章仇大人说："找你妹啊。"

杨国忠懂了。在长安受恩宠的不仅是一个贵妃妹妹，还有贵妃的三个姐姐。杨家三姐妹也是烈火烹油，分别被封为秦国夫人、韩国夫人、虢国夫人。

其中的虢国夫人，曾经还是杨国忠的小甜甜。这一对野鸳鸯也好久没见了。

一到长安，在杨家妹妹的推荐下，杨国忠很快进宫。唐玄宗不把这个远房大舅哥当外人，每次玩樗蒲，都让杨国忠在旁边陪侍。

杨国忠不仅办事灵活，能说会道，还有一项突出的天分，就是数学特别好。玄宗跟杨家姐妹玩牌，杨国忠就在一旁计算输赢，反应敏捷，账目清楚。

小混混的赌场手艺，居然受到玄宗的看重——

"来吧，大舅哥，朕的金吾卫还有个闲职，就你了。"

杨国忠正式走上仕途。

谁也不会想到，这个之前连县尉都做不好的小混混，从此坐上了火箭，平步青云。只用了三年，就身兼十几个职位。

其中三个：一个是给事中，属于内侍官，皇帝的顾问，可参议朝政；一个是御史中丞，国家最高监察机构御史台的二当家；还有一个叫度支侍郎，是掌管财政的高级官员。

"年轻人，有前途，老夫看好你哦！"

李林甫向杨国忠发出了邀请。一个是政坛老狐狸，一个是皇帝新宠，二人一拍即合。

在李林甫的大清洗运动中，杨国忠负责揭发，吉温、罗希奭负责审问定罪，配合默契，所向披靡，被他们整得家破人亡的，有数百家。

杨家也烈火烹油，进身公卿豪门，送礼的、请托的、巴结的，"四方赂遗，辐凑其门，惟恐居后，朝夕如市"。还有数不清的民脂民膏，玄宗的赏赐，一齐涌入杨门。

《虢国夫人游春图》是唐代名画，不过那只是杨家的一个剪影，他们真实的生活，是穷人无法想象的。

他们吃的菜，一盘的价格等于十户百姓的家产。他们看上谁家的地，都不用找拆迁部门，直接把人家的房子拆掉。他们建好了房子，如果看到别人的更豪华，哪怕刚建好也照样推倒重建，毫不心疼。

每当我在脑海中还原这个场景，总会在崭新的瓦砾旁，看到一个落寞消瘦的身影，那个人叫杜甫。

此时的杜甫，已经在长安做了几年"京漂"，他买不起房子，居无定所。

白天，他四处求职，在雄伟的长安城受尽白眼：

> 朝扣富儿门，暮随肥马尘。
>
> 残杯与冷炙，到处潜悲辛。
>
> ——《奉赠韦左丞丈二十二韵》

晚上，他回到长安郊区的杜陵，踩过积雨的泥泞，湿滑的青苔，饥肠辘辘地走进他的破屋，写那些无人问津的诗歌：

> 长安苦寒谁独悲，杜陵野老骨欲折。
>
> 南山豆苗早荒秽，青门瓜地新冻裂。
>
> ………
>
> 饥卧动即向一旬，敝裘何曾联百结。
>
> 君不见空墙日色晚，此老无声泪垂血。
>
> ——《投简咸华两县诸子》

让杜甫"泪垂血"的，当然不只是十天的断粮，以及补丁摞补丁的衣服，还有他刚出生的儿子。

落魄的诗人，无能的丈夫，惭愧的父亲，绝望的现实。

杜甫当哭。

他的那些朋友，也没人帮得了他。

好兄弟岑参去了遥远的西域，在安西节度使高仙芝帐下，做了军中掌书记。

"今夜不知何处宿，平沙万里绝人烟。"西域的朔风和狂沙，吹不凉年轻的热血。

年近半百的高适，终于在张九皋和颜真卿的推荐下，做了一枚小小的封丘县尉，工作内容是拜迎领导，逼迫百姓交税。

高适是个坦荡的人，在他的《封丘作》中写得明明白白：

只言小邑无所为，公门百事皆有期。

拜迎长官心欲碎，鞭挞黎庶令人悲。

顺便插一句，张九皋是张九龄的弟弟，宦海沉浮，始终兄弟相依。五百年后，张九皋这一支的族谱上，新添了一个后人，他在长安的门户潼关，发现了历史的秘密："伤心秦汉经行处，宫阙万间都做了土。兴，百姓苦；亡，百姓苦！"这个后人叫张养浩。

张九皋、颜真卿二人合力，才给高适弄到一个县尉，说明他们的仕途也都不顺。前面说了，杨国忠是御史台领导，而颜真卿是监察御史，很不幸，归杨国忠管。他们的个性和为人，是两个极端，颜真卿注定不会好过，所以经常被派往河西、陇右送兵，净是苦活累活。

高适也好不到哪儿去，县尉的另一项工作，就是在内地征兵，送往前线。这一年，带着一队刚入伍的新兵蛋子，高县尉向幽州出发了。

遥远的东北，有寒风呼啸声，有金戈铁马声，还有梦想破碎的声音。

安禄山这个战争狂人已经彻底发狂。唐玄宗相信他肥胖的肚子里，全是赤胆忠心，赐给他丹书铁券；李林甫相信这个不识字的胡人将领，军功再高也威胁不到他的相位。安禄山无所顾忌，他喜欢请敌人的将领喝酒，在酒里下药，毒死之后割下他们的头颅，快递到长安邀功。

当他驱赶着八千俘虏到长安时，唐玄宗笑得都抱不动玉环了，下令在长安给安禄山建豪宅，标准就一条——"但穷壮丽，不限财力"，"厨厩之物皆饰以金银"。

安禄山憨厚一笑，臣不在乎钱，看重的是陛下的恩宠。

他确实不在乎钱，因为唐玄宗还给了他自行铸钱的权力。除范阳、平卢两大军区外，又把河东军区也交给了安禄山。

杨玉环也认安禄山做了干儿子，据说还为安禄山洗身，他可以自由出入皇宫，"通宵不出"。《红楼梦》里说，安禄山用木瓜弄伤了杨玉环的D罩杯，我都怀疑曹公是不是看过绝密史料。

不好意思，走神了，咱们继续说史料。

安禄山的恩宠，全部建立在军功上。可惜，这些军功很多是假的。

高适在封丘征兵之际，安禄山"诬其（契丹）酋长欲叛"，集结六万大军向契丹进发。一路上天降大雨，唐军的弓弩长时间浸水，弓弦松弛，将领对安禄山说："咱们的弓弩不好使了，又跑了几百里，都是疲惫之师，先缓缓再打。"

安禄山大怒，他建功心切，依然发起总攻，结果被契丹和奚两面包抄，六万人伤亡殆尽。安禄山只带了二十名亲随逃回大本营。

打了败仗，总得有人负责吧。安禄山拿起锅就甩给了他的两员大将，直接杀掉。

他那个叫史思明的小伙伴也相当狡猾，战败后在山谷里躲了二十多天，才带着七百多名散兵回来。安禄山紧紧握着他的手："好兄弟，有你在哥就放心了。"

史思明连表忠心，后来对手下说，要是我早点从山里出来，也会被安禄山杀掉。

我们不禁要问，堂堂朝廷正规军，安禄山愣是搞成军匪，朝廷就不管不问吗？

当然会管。朝廷会定期派出巡察官员，到各大军区视察。但安禄山的方法就一招——砸钱。每次使者来（宦官居多），安禄山就用大把的钱贿赂，反正他不差钱。

使者回朝后，就一个劲地夸安禄山，治军有方，赏罚分明，威震东北……反正玄宗也喜欢听。

将不积极？没关系，给他们封官。兵有死伤？没关系，给你补充。

于是，一批又一批内地士兵，被送到安禄山麾下。

高适，只是向幽州送兵的无数个县尉中的一个。幸好他还是个诗人，他用诗歌，佐证着历史的真相：

北使经大寒，关山饶苦辛。

边兵若刍狗，战骨成埃尘。

——《答侯少府》

这是高适在安禄山军中的所见所闻。士兵们像狗一样，被安禄山驱赶到战场上，埋骨黄沙。

征兵时，这些年轻人听到的，是大唐健儿保家卫国，建功立业。

但在安禄山眼里，不过是一群狗。

高适又写道：

> 星高汉将骄，月盛胡兵锐。
> 沙深冷陉断，雪暗辽阳闭。
> ………………
> 归旌告东捷，斗骑传西败。
> 遥飞绝汉书，已筑长安第。
>
> ——《赠别王十七管记》

安禄山骄奢，契丹兵锐。这边刚溃败，那边已有捷报送往朝廷。公文刚离开大漠，唐玄宗在长安给安禄山建造的豪宅已经落成。

还是晚唐人看得清楚：

> 凭君莫话封侯事，一将功成万骨枯。
>
> ——《己亥岁》

安禄山的豪宅下面，宝座下面，全是累累白骨。但他没有罢手，第二年春天，重新集结二十万大军杀回契丹，报仇雪耻。

高大人暂且忍耐，就在前方，命运已经为你安排了消愁解恨的机会。

此时的高适还不知道，唐军的溃败不只在东北，另一场耻辱之战，也在大西南打响。

⑩ 边庭流血成海水

杨国忠发达后，很快回报了章仇兼琼和鲜于仲通。前者调回中央，做了户部尚书；后者接替前者，从小幕僚变成了剑南节度使。

前面说过，当时大唐和周边国家，是一种大哥制霸江湖的局面，契丹、吐蕃、突厥这些是硬气的小弟，经常挑衅大哥，挨打了就给大哥端茶递烟，大哥也适可而止，免得丢了风度。

还有一种是忠诚的小弟，默默无闻地追随大哥。南诏就是其中一个。

初唐时候，云南大理一带原本有六个小国。从李世民开始，唐朝大哥帮助最南面的一个小国统一了云南，建立南诏国。

在此后一百多年里，南诏躲在唐朝的羽翼下，没人敢欺负，生活安定，人口众多，逢年过节给大哥磕个头，孝敬点礼物，原本相安无事，岁月静好。

到了鲜于仲通做剑南节度使时，平静突然被打破了。

按照当时两国礼节，南诏王要经常带着王族去觐见剑南一把手，说白了，就是让大哥知道你的动向，增进关系，友好外交。

觐见途中，会经过唐朝云南太守张虔陀的治所，这家伙是个垃圾官僚，每次都会奸污人家的王妃。

南诏王毕竟是小弟，不敢轻易跟大唐对抗，绿帽子戴了好久。可是张虔陀依然不罢休，一直向南诏王索贿，其实就是敲诈，南诏王没有答应，张虔陀就多次辱骂他，最后竟然上奏朝廷，要治南诏王的罪。这是明摆着欺负人，我是大唐的官，你能咋的。

南诏王终于愤怒了，带着兵马就杀入云南郡，手刃张虔陀，攻占城池三十二座。

小弟大哥，彻底翻脸。

这一地区属于剑南军区治下，鲜于仲通很快征调八万大军，向南诏首府大理进发。

南诏王如果留下回忆录，一定会记下一句话："我当时害怕极了。"

他先是解释："大哥啊，我是迫不得已啊，张虔陀太欺负人了。"

鲜于仲通抽出一支雪茄。

南诏王又示弱："大哥，我愿意归还所有战利品，把毁坏的城池修好，再还给你们，然后我滚回我老家，你看行不？"

鲜于仲通吐出一口烟圈。

南诏王慌得一批："大哥，你要再逼我，我可要投靠吐蕃了，到时候云南就不是大唐的了。"

原话是："若不许我，我将归命吐蕃，云南非唐有也。"

鲜于仲通哈哈大笑："怕了吧！晚了！传令三军，进攻！！！"

然后……

然后，大唐溃败了。八万大军死了六万多。白居易有诗："鲜于仲通六万卒，征蛮一阵全军没。至今西洱河岸边，箭孔刀痕满枯骨。"

南诏王把唐军的尸体收集起来，堆成一座山丘，转头对吐蕃跪拜："大哥，小弟来了。"

吐蕃很高兴，封南诏王为"赞普钟"。"赞普"是吐蕃王的称号，"钟"字是蛮语中的"弟弟"的意思。

归顺吐蕃前夕，南诏王在国门前竖起一块石碑，上面刻着："我世世事唐，受其封赏，后世容复归唐，当指碑以示唐使者，知吾之叛非本心也。"

从此，大唐多了一支敌军，吐蕃开了一个外挂。

按说这一场外交、军事双失败，鲜于仲通应该会受处罚吧？

并没有。

地方官需要朝廷大官的保护伞，朝官也需要地方的军事后盾。在权力的游戏中，这是一种默契。

此时的杨国忠，还是剑南军的名誉顾问，鲜于仲通是他一手培植的党羽。杨国忠不但没有处罚他，还替他掩盖罪行。在给朝廷的公文上，仍然写着鲜于仲通的丰功伟绩。

接下来，就是复仇之战。

这么一个胆小懦弱的小弟，竟敢背叛我，我这个大哥以后还怎么做！

唐玄宗怒了。

于是在长安、洛阳、河南、河北疯狂征兵，确切地说是捉兵。因为百姓早已不堪重负，不愿从军。初唐的"宁为百夫长，胜作一书生"，此时更像是遥远的传说。

来，让我们从老杜的《兵车行》里，来看看这场战争的另一面：

车辚辚，马萧萧，行人弓箭各在腰。

耶娘①妻子走相送，尘埃不见咸阳桥。

牵衣顿足拦道哭，哭声直上干云霄。

这是杜甫在长安郊外咸阳桥的所见所闻：

新征的士兵们带好装备，即将奔赴战场，他们的爹娘妻子奔跑着送别，尘土飞扬，湮没咸阳桥。

道旁过者问行人，行人但云点行频。

或从十五北防河，便至四十西营田。

去时里正与裹头，归来头白还戍边。

边庭流血成海水，武皇开边意未已。

"过者"就是路过这里的杜甫，"行人"是这些出征的人。

杜甫问他们啥情况，他们说朝廷点名征兵太频繁了。十五岁去北方打仗，四十岁又去西域军营屯田。去的时候，里长给我裹上代表成年的头巾。回来时已白头，仍然要去戍边。

边疆都血流成海了，可我们的皇帝，依旧开边不止。

君不闻汉家山东二百州，千村万落生荆杞。

纵有健妇把锄犁，禾生陇亩无东西。

① 耶娘：同爷娘，爹娘的意思。

> 况复秦兵耐苦战，被驱不异犬与鸡。
>
> 长者虽有问，役夫敢申恨？

这位"行人"继续对杜甫说：你还不知道吧，华山以东，二百个州县都荒芜了。即便有女人在家，但女人不懂耕田，田里乱七八糟。虽然秦地的男人很善战，但那些将领，驱使我们如同鸡狗。

最意味深长的一句是："你虽然问我，我哪敢抱怨呢？"这是一个即将服兵役的"役夫"对"长者"杜甫说的话。他明明一肚子怨恨，为什么却说不敢抱怨？他害怕，怕当官的听见。

但他还是忍不住，继续诉苦：

> 且如今年冬，未休关西卒。
>
> 县官急索租，租税从何出？
>
> 信知生男恶，反是生女好。
>
> 生女犹得嫁比邻，生男埋没随百草。

就拿今年冬天来说，关西士兵已经过服役期了，可仍然不能休息。县官又到家里催缴租税，我们去哪里弄钱呢？

还是生女儿好啊。生个女儿还能嫁到附近，生个男孩就埋骨荒野了。

诗的结尾，是这位"役夫"的悲叹，也是杜甫的呐喊：

> 君不见青海头，古来白骨无人收。

新鬼烦冤旧鬼哭，天阴雨湿声啾啾。

我们总说，诗歌创作经常夸张，这首诗里，杜甫有没有夸张呢？

还真没有。这是杜甫与李白的最大不同，杜诗非常写实。史书上对这次征兵的记载，更加令人痛心。

"杨国忠遣御史分道捕人，连枷送诣军所。"——带上枷锁，用绳子连成一串。这哪是征兵啊，明明是"捕人"。

"……行者愁怨，父母妻子送之，所在哭声振野。"——与杜甫见闻互为印证。

在这次捕人事件中，长安附近的新丰镇上，一个二十四岁的小伙子为了不去当兵，拿起石头砸断了自己的右臂。六十四年后他八十八岁，拖着残废的右臂讲述往事，成为白居易《新丰折臂翁》的男主角。

对南诏的复仇之战打响时，鲜于仲通已经调到中央，担任京兆尹（相当于长安市市长），杨国忠兼任新一任剑南节度使，遥控战争。这一战，南诏的背后，已经有了吐蕃大哥，唐军再次战败。

此后四十年里，南诏与吐蕃联盟，一直是大唐西南的威胁。

说句题外话，南诏国有一个叫段俭魏的大将，在与唐军第二次决战中作战勇猛，立下大功，成为南诏国的开国元勋。一百八十年后，段氏建立大理国，其中两位后人我们非常熟悉，一个叫段正淳，一个叫段和誉（段誉原型）。

这一年的大唐真是流年不利，东北溃败，西南溃败，由高仙芝领导的安西军团，也在石国和阿拉伯的夹击下屁滚尿流，三万大军只带回几千人。

山雨欲来风满楼。大唐败军之际，诗人们未必能看到这可怕的趋势，但已经隐隐嗅到山雨的气息。

王维刚刚为母亲守完孝，出任吏部郎中。在宫里，他更像个搞宣传的，唐玄宗给大臣赏赐个樱桃，也需要他的赞歌："饱食不须愁内热，大官还有蔗浆寒。"（《敕赐百官樱桃》）

只有回到辋川别墅，只有在明月深林，他才能吼上几嗓子，做回王摩诘：

> 独坐幽篁里，弹琴复长啸。
> 深林人不知，明月来相照。
>
> ——《竹里馆》

李白正从幽州回来，契丹的骑兵，让他忍不住多喝了几碗酒压惊：

> 虏阵横北荒，胡星耀精芒。
> 羽书速惊电，烽火昼连光。
>
> ——《出自蓟北门行》

高仙芝因为吃了败仗，被调回朝廷。岑参作为他的帐下掌书记，也一起回到长安。

世事无常，宦海浮沉。岑参登上长安的慈恩寺塔（今大雁塔），写下"誓将挂冠去，觉道资无穷"——啊，老子不想当官了，想出家。

身旁的高适拍拍他的肩膀："兄弟，别凡尔赛了，你看我的县尉，裸辞了。"

又一个声音响起："你俩有完没完，不是说来这里登高赋诗吗，还聊工作？"

说话的人，就是杜甫。

又有两个人起哄，附和着："就是就是，老杜，该你了。"这两个，一个是储光羲，一个是薛据。

这是山雨来临之前，盛唐诗坛最后一次大唱和，叫"慈恩寺联诗"。

慈恩寺塔顶，秋风萧瑟，长安尽收眼底。老杜目光深邃，看到这座古往今来最雄伟的都城，却是另一番气象。

他的诗，叫《同诸公登慈恩寺塔》：

> 高标跨苍天，烈风无时休。
> 自非旷士怀，登兹翻百忧。

这塔真高啊，秋风真大啊！我不是旷达之士，登上就一肚子忧愁。

> 秦山忽破碎，泾渭不可求。
> 俯视但一气，焉能辨皇州？

　　回首叫虞舜，苍梧云正愁。

　　惜哉瑶池饮，日晏昆仑丘。

云雾蒸腾，终南山若隐若现，如同破碎，泾渭两河也难辨清浊。

天地混沌一片，让人看不清长安城。

我回过头呼唤虞舜大帝，唐太宗也满面愁容。

为啥呢？

因为玄宗皇帝正在怀抱美人，日夜宴饮。

　　黄鹄去不息，哀鸣何所投？

　　君看随阳雁，各有稻粱谋。

我像一只黄鹄不停地飞，不停地叫，却不知道去哪里落脚。

你们看那些追逐太阳的大雁（太阳指唐玄宗，大雁指趋炎附势的人），都找到发财的门路了。

经常有读者问，李白和杜甫谁更厉害？这个问题没有明确答案，从不同的视角看，答案会不一样。

如果从历史的视角，一个老百姓的视角，当然是杜甫伟大。

要知道，杜甫写这首诗时，距离安史之乱爆发还有三年。他不是军事家，不是政治家，但他太敏锐了，能说出谶语一般的话。

他是预言家。

当然，这次唱诗会当时没人在意，也没人愿意听一个落魄诗人的牢骚。大唐热搜榜上，是另一个大新闻——

李林甫死了。

⑪ 权力的游戏

事情是这样的：

从开元时期的宇文融起，朝堂上的权力对抗已分出胜负：依赖科举入仕的文士集团失势，出身贵族和官宦家族的聚敛集团得势。谁能搞钱，谁就当权。

但聚敛集团并不是一片和睦，而是一直互撕，乱哄哄你方唱罢我登场。

几年前，一个叫杨慎矜的财政官员因为能干，很受玄宗宠信。但在李林甫看来，这就是威胁，因为财政大员的下一步就是宰相。他李林甫不也是这么上来的吗？

于是，李林甫就发动他的酷吏小组，告发杨慎矜，其中一个罪名很有意思，叫"反唐复隋"。

证据一：杨慎矜私交术士，家里藏着谶书（古代皇帝大多对这个过敏）；

证据二：杨慎矜的爷爷的爷爷，是隋炀帝杨广。

呵呵。这时隋朝已经灭国一百三十年了。杨慎矜一个财政官员，调不动一兵一卒，竟然要反唐复隋。小说都不敢这么写。

关键是唐玄宗还信了。杨慎矜兄弟三人，全部赐自尽。

在这件大案里，出力最多的，是一个叫王鉷的人。没错，就是前文提到的征"死人税"的那位。

干掉杨慎矜，王鉷取而代之，成为李林甫的心腹小弟。一个撑腰打掩护，一个疯狂敛财，在朝堂上呼风唤雨。

直到杨国忠崛起。

王鉷的权力之路，靠的是拜山头，傍大哥，而杨国忠是剑走偏锋，从唐玄宗身后杀出。他们一起成为李林甫的左膀右臂。

既然都是自己人，好说好说，要捅刀子咱也得背后捅不是！

这一年，捅刀子的机会来了。

御史台的一把手叫御史大夫，二把手叫御史中丞。当时，御史大夫正好空缺，而王鉷和杨国忠都是御史中丞。

让谁做一把手呢？

李林甫考虑再三，决定把宝押在王鉷身上。李林甫是个以谨慎沉稳著称的人，他这么做，是提防杨国忠的外戚关系，还是王鉷更听话？我们不得而知。或许二者兼有。

可以肯定的是，杨国忠很生气。

他已经熟练掌握官场斗争技巧，只等时机来临，给政敌致命一击。谁都不会想到，给杨国忠递刀子的人，竟然是王鉷的弟弟——王銲。

无数个反贪大案表明，贪官的子弟家属，往往会成为反贪功臣。

王鉷知道自己贪酷，做事特别谨慎，都是闷声发大财，但他的家属就不一样了。

他儿子嚣张跋扈，斗鸡走马，横行长安，跟杨国忠家一样，连驸马爷都敢打（突然觉得驸马不好当）。

他的弟弟王銲更嚣张，仗着哥哥受宠，黑白两道当大哥，竟然还结交术士，还问人家："你看我有王者之相否？"

有还是没有呢？不管怎么回答，这都是一道送命题。

术士吓尿了，赶紧逃跑。王銲意识到问题的严重性，火速通知王鉷。兄弟俩把那个术士捉住，杀人灭口。有个公主的儿子，也因为知道这事，被王鉷寻个由头逮捕下狱，当天晚上勒死。

这些事随便抖出一件都是死罪，但王銲并没有收敛。反正哥哥能搞定一切，他更加肆无忌惮。

王銲结交了一个叫邢縡的人。这是个头脑简单且不要命的家伙，他对王銲说，他有朋友在龙武军领兵，咱们大家一起联手，杀掉龙武将军，再一鼓作气，杀掉李林甫和杨国忠，朝堂就是咱们的天下了。

以现有的资料看，这个计划简直蠢到极点。神奇的是，王銲竟然同意了。

结果，离起兵还有两天，就有人告到了朝廷。唐玄宗推开案头的《霓裳羽衣曲》曲谱，把状子交给王鉷，你弟弟的案子，你去处理吧。

这是一道选择题。

你王鉷要是大义灭亲，还是朕的好臣子；要是包庇袒护，那就是同党。为了确保万无一失，唐玄宗又指派了另一个人跟王鉷同去。没错，就是杨国忠。

王锳和杨国忠带着一队人马，堵住邢縡的家门。王銲事先已得到王锳送信，早躲起来了。

邢縡与他的军人同伙，被堵了个正着，一时剑拔弩张。

就在这个要命关头，邢縡的一个手下，喊了一句要命的话："不要伤及御史大夫！"

原话是："勿伤大夫人。"

御史大夫是谁呢？王锳。

王锳要哭了。杨国忠笑了。

叛乱很快平息，邢縡被当场杀掉，王銲被抓获，朝廷开始审理此案。王锳是不是参与了谋反，其实证据不足。关键时刻，杨国忠拿出小本本，对唐玄宗念出了那条关键证据："勿伤大夫人。"

同谋，同谋啊！

王锳赐自尽，王銲被当众杖杀。王锳的两个儿子，包括那个纨绔少爷一同被流放岭南，很快也被杀掉。王锳被抄家时，抄了几天都没抄完。

按说，案子已经结了，这事该过去了？

才没有。杨国忠能在李林甫的地盘上平步青云，才不会就这么些招数。他要放大招了。

想当初，李林甫把张九龄和裴耀卿挤下台，用的那招叫"一雕挟双兔"，如今杨国忠也学会了。

他又向唐玄宗说："李林甫与王锳一家有私交，王锳是谋逆大罪，李林甫居然还替他求情，陛下你看，这就是结党啊。"

众所周知，古代只要涉及结党，一般都是疑罪从有。是不是结党已经不重要了，疑人是不能用的。李林甫大人，被冷落了。

但他显然不打算坐以待毙，他挣扎着七十岁的身体，面色阴沉。

扶我起来，我还能打。

到底是政坛老前辈，李林甫反击的大招，叫调虎离山。

还记得杨国忠兼领的那个职位吗？叫剑南节度使。

李林甫不知道从哪里弄来一些民间上书，说，现在南诏国正在侵略四川，蜀人请求杨国忠回去主持大局，抗击侵略。

这是以人民的名义。可以说，理由充分，合情合理。

杨国忠脊背一凉，扑通跪倒在玄宗脚下："陛下救我啊，要是我离开朝廷，李林甫一定玩死我。"

唐玄宗拍拍他的肩膀："杨妃……哦不对，杨爱卿放心，你就往成都跑一趟，给那个老家伙一点面子，我很快就把你调回来。"

该李林甫脊背发凉了。他最担心的事情还是发生了，陛下已经做出了选择。

只听新人笑，谁听旧人哭。属于他的时代已经过去。

李林甫惊恐交加，一病不起，很快死去。临死前，想见玄宗最后一面都没能实现。他终于对床前的杨国忠服软了："林甫死矣，公必为相，以后事累公！"

我的身后事就拜托你了。言下之意，您高抬贵手，放过我的子孙吧。

直到确认李林甫死去，杨国忠紧绷的神经才放松下来。现在，他要处理李林甫的后事了。

之前说李林甫结党，私交逆臣，是给活人定罪，不好操作。

现在要给死人定罪，那就容易多了。死人没法辩解，不能发威，他的党羽还是优秀的立仗马，他的政敌等着要在他的尸体上踹几脚。

杨国忠为李林甫精心挑选了一条罪名——谋反。

就在不久前，安禄山决定对契丹展开复仇之战。发兵前夕，他上奏朝廷，要朔方节度副使阿布思前来助战。但安禄山在军事圈的名声早臭大街了，阿布思知道，跟着安禄山打仗，胜了，是安禄山的功劳，败了，自己背锅。

但皇帝的圣旨又不能违抗，咋整？

阿布思是突厥人，干脆，反了，于是带着人马返回漠北。

前面说过，在当时，边将和朝中大臣相互勾连是常态。阿布思也曾抱过一条大腿，没错，就是李林甫。

于是，杨国忠再次上奏唐玄宗："陛下，李林甫兼领朔方节度使期间，既是阿布思的老领导，又和阿布思结为父子，现在阿布思叛逃了，可见李林甫也早有预谋啊。"

一个兢兢业业二十年的老宰相会谋反？唐玄宗实在无法相信："有证据吗？"

"有，我做证！"安禄山说着，还拽出阿布思的一个降将做人证。这个三百多斤的大胖子，骑起墙来身段灵活，他痛恨阿布思对他不服从，也早忘了李林甫的照顾情分，暂时站在杨国忠一队。

"陛下，我也做证。"一个高冷的声音传来，是陇右节度使哥舒翰。

安禄山憨厚地笑起来："多谢哥舒大人。我爹是胡人，我妈是突厥人。而你爹是突厥人，你妈是胡人。咱俩是一家啊。"

哥舒翰高冷依旧，牙缝里挤出两个字："你妈。"

"两位大人息怒，咱们这是为圣上分忧，怎么吵起来了？"高力士轻轻灭了火。

"臣也做证。"宰相陈希烈说。这个一直跟在李林甫屁股后面唯唯诺诺的家伙，终于敢对抗李林甫了。

"我……我……我也做证。"最后一个证人一脸胆怯，举起了手。原本，这个叫杨齐宣的谏议大夫应该回避这次会议，但杨国忠把他也找来了。因为他另外一个身份，是李林甫的女婿。

李林甫的棺材板已经按不住了。

事实上，众人就没打算把它按下去。唐玄宗下旨，开始清算李林甫。

此时他还没有下葬。先削去他的官爵，儿子、孙子凡做官的，全部罢官，流放岭南和黔中，李家财产全部没收。

平时跟李林甫亲近的大小官员，五十多人受牵连贬官。

又命人剖开李林甫的棺材，把身上的官服扒下来，口里的珍珠抠出来，豪华棺材肯定不能用了，换上一个平民款小棺材，草草埋葬。

即便这样，也没能让现任的太子李亨（后来的唐肃宗）解恨。安史之乱爆发后，唐肃宗准备再次挖开李林甫的坟墓，鞭尸焚棺，挫骨扬灰，还好被李泌劝阻了。

曾几何时，李林甫只手遮天，风光无两。每次出门，"金吾静街""公卿走避"。行走朝堂,官员牵马坠镫,纷纷跪舔。凡不听话的人,就起用酷吏大清洗。

连他的儿子都看不下去了,对他说,你"怨仇满天下,一朝祸至",想做个老百姓都不能了。

这道理,李林甫当然知道。奈何权力太诱人啊。

从他站位武惠妃的那一刻,他就做出了选择,此后他在政坛上的一切斗争,都围绕着太子李亨展开。李亨败,李林甫和他的四十多个子女继续荣华富贵;李亨赢,一切归零。

这是一场政治豪赌,一场权力的游戏,没有退出机制,赢家通吃,输家失去一切。

李林甫不怕吗?当然怕。

他的府邸用石头砌墙,四周建造碉楼,完全是个防御工事级别。他每天睡觉,一夜要换好几个房间,经常连家人都不知道他睡在哪里。

好了,现在所有人都知道他睡在哪里了。

王铁死无葬身之地,李林甫只剩葬身之地。前者手里的二十个职位,后者手里的宰相之位,现在全部落到杨国忠手里。

盛唐最后一任宰相,已经身穿紫袍手握相印,开始了他的表演。

⑫　不反也得反

杨国忠权势熏天的时候，杜甫已经山穷水尽。

这时的杜甫，已经来长安七八年了，是个资深"京漂"。他在城南的少陵、杜陵一带辗转流离，给自己取的网名，都是"少陵野老""杜陵野客""杜陵布衣"之类。

这两年关中又遇水灾，物价暴涨，杜甫经常穷得没饭吃，把被褥都拿出去卖掉。他最开心的是遇到政府销售低价米，每人每天限购五升，杜甫除了有米下锅，还能盈余一些拿去换酒，让酒精在头脑里发酵出诗歌：

> 清夜沉沉动春酌，灯前细雨檐花落。
> 但觉高歌有鬼神，焉知饿死填沟壑。
>
> ——《醉时歌》

与此同时，新宰相杨国忠家里，光织锦就有"三千万匹"。当时的丝织品是硬通货，可以当货币流通。

杨国忠和杨家姐妹势头正盛，夜夜笙歌。暮春时节，他们会结队到曲江宴游，杜甫大名鼎鼎的《丽人行》，就是杨家兄妹的宴游记录：

> 三月三日天气新，长安水边多丽人。

态浓意远淑且真，肌理细腻骨肉匀。

绣罗衣裳照暮春，蹙金孔雀银麒麟。

　　这是写杨家姐妹的外貌，装扮浓艳，淑静端庄，身材匀称。她们的华服上，金线绣的是孔雀，银线绣的是麒麟。

头上何所有？翠微匐叶垂鬓唇。

背后何所见？珠压腰衱稳称身。

就中云幕椒房亲，赐名大国虢与秦。

头上的翠蓝色花饰垂到鬓角，裙带上装饰着珠宝，称身合体。
其中两个也很受宠，封为虢国夫人和秦国夫人。

紫驼之峰出翠釜，水精之盘行素鳞。

犀箸厌饫久未下，鸾刀缕切空纷纶。

玉石装饰的锅里是驼峰肉，水晶盘里是白色的鱼；
可她们拿着犀牛角筷子没有胃口，让厨师们白忙活了。

黄门飞鞚不动尘，御厨络绎送八珍。

箫鼓哀吟感鬼神，宾从杂遝①实要津。

---

① 杂遝：通杂沓。

宦官骑着马来了，送来御厨做的八珍。

于是箫鼓齐奏，歌舞婉转。那些忙前忙后的随从宾客，都是朝廷要员。

> 后来鞍马何逡巡，当轩下马入锦茵。
> 杨花雪落覆白蘋，青鸟飞去衔红巾。
> 炙手可热势绝伦，慎莫近前丞相嗔！

最后出场的一个人趾高气扬，在正门下马，步入锦帐。杨花、白蘋都是轻浮的意思，青鸟衔红巾是暗送秋波。连杜甫都知道，杨国忠和虢国夫人有一腿。

最后杜甫说，他们炙手可热、权势熏天，可不能靠近，不然杨宰相会发飙的。

"炙手可热"这个成语，就是打这儿来的。

读这首诗，大家的目光往往聚焦在杨家的奢侈和权势上，但在我看来，信息量最大的一句，是"宾从杂遝实要津"。

想想那场景吧。一帮朝廷大员，不忙公事，不顾面子，跑前跑后忙着侍候宰相一家。

官场烂透了。

李林甫是宗室出身，为人谨慎，心机深不见底，但他的优点是精明务实，擅长制定制度。在他手里，帝国的官僚系统在制度下正常运转，各方得到平衡。能把持相位十九年，绝不是偶然。

杨国忠恰恰相反。从一个小混混到大唐宰相，他只用了七年。上台之后，他的劣根性很快暴露，飞扬跋扈，不可一世。他曾经把两个吏部侍郎叫到家里，让人家端茶倒水，呼来喝去，当仆人使唤，还一边对虢国夫人说："你看，这是我的两个紫衣小吏。"

吏部侍郎是三品大员，着紫色官服，而在杨国忠手下，这些老同志没有一点尊严。

如果说李林甫是伪君子，杨国忠就是真小人。李林甫是阴谋上位，杨国忠是小人得志。

杨国忠能取李林甫而代之，并不是因为他有多厉害，只不过是后者命数已尽，乱拳打死老师傅而已。

但是杨国忠并没有高兴多久。李林甫死了，他留下的问题却正在发酵。

我们都熟悉一个成语，叫"出将入相"，在军功至上的唐朝，这不是一个形容词，而是重要的官员升迁路径。

如果一个节度使既有赫赫战功，又有文化，朝中还有支持者，就很可能坐上相位。

这正是李林甫担心的。他曾向玄宗建议，咱们要多用番将，少用汉人。理由很充分，番将打仗更猛，汉人读读书做做文官就行了。

在很多传统史书里，李林甫的这个建议，更坐实了他嫉贤妒能、独断朝纲的罪名。

我倒觉得，这个锅不能让李林甫一个人背。

唐朝以军功起家，周边的小弟们又个个不安分，动不动就来大哥家里抢点东西，可以说，军功至上是李唐王朝血液里的东西。

"杀人亦有限，列国自有疆。苟能制侵陵，岂在多杀伤。"杜甫的人道主义、和平主义，在那个时代弥足珍贵，却不合时宜。

唐玄宗从出生起，就生活在奶奶武则天的高压下。成年后杀韦后，灭太平公主，登皇位，制霸西域，驱逐吐蕃、突厥和契丹，开创前无古人的开元盛世，哪一样不靠强大的武力。

没有人能够摆脱过往成功的惯性。

当李林甫提出多任番将而少用汉人的那一刻，不过是再次印证了皇帝的英明。

于是，这个空前开放的王朝，不仅在文化、艺术、经济领域兼容并包，在军政领域也同样海纳百川。

朝中有日本人，有朝鲜人，长安的外国人多达十万。高仙芝、王思礼欧巴是高丽人，哥舒翰是西突厥人，李光弼是契丹人，这都是名将，中下层将领中番人更多。

当然，还有混血胡人安禄山。

什么样的时代，就会产生什么样的人。

安禄山，就是军功至上时代，喂养出的一只猛虎。

现在，我们来盘点一下这只猛虎的力量。

按照十年前的数据，安禄山手里的三大军区兵力如下：

范阳（治所幽州）：91400人

平卢（治所营州）：37500人

河东（治所太原）：55000人

共计：18.4万人，约占全国总兵力的40%。

这三大军区，从现在的东北，到京津地区、河北，再到山西北半部一字排开，占据唐朝整个北方。

不久之后，唐玄宗还给了安禄山另一个重要岗位——陇右群牧都使。

自从孙悟空先生担任过弼马温，大家总觉得养马不是什么大官。这是错觉。真相恰恰相反，在冷兵器时代，战马是最重要的战略资源。陇右一带在今天的甘肃，自古出好马，也是大唐最重要的战马牧场。

这相当于，安禄山还掌控着国家兵工厂。很快，就有五万匹良马送到他的军队。

当真是兵强马壮，财富充足。

这一切，都是皇帝给的，也是李林甫推波助澜的。

安禄山一直扮演着分裂的角色，外表装傻卖萌，内里野心勃勃。他唯一惧怕的人，就是李林甫。

使者每次从长安返回，安禄山都要问李林甫的反应，如果李林甫夸了他，他就非常高兴；如果李林甫传话说，让他悠着点，他就会吓得大叫："我死矣！"

安禄山每次面见李林甫，即便在大冬天，也会直冒冷汗。他的命运，被李林甫拿捏得死死的。

这是一个驯兽师和一只猛虎之间的平衡。

宋公明哥哥有诗："恰如猛虎卧荒丘，潜伏爪牙忍受。"

现在，驯兽师死了，猛虎伸展爪牙，决定不再忍受。

他只需要一点挑逗。

杨国忠接过李林甫的驯兽鞭，望向北方。

(13) 渔阳鼙鼓动地来

公元753年，杨国忠料理完李林甫的后事，开始挑逗安禄山了。

他不允许这个世界上，除皇帝外还有别人对他不屑，也急于证明他是有先见之明的帝国宰相。或者，他只是隐隐感觉到，以安禄山的势力，很快就会出将入相，与他争夺权力。

于是他跟在唐玄宗屁股后，一个劲地说安禄山会谋反。平心而论，杨国忠的判断没有错，以安禄山的胡人身份、为人、军事力量，但凡有一点政治经验的人都会警惕起来。一只老虎不会永远甘于做吉祥物。

说安禄山会反的人不只有杨国忠一个，朝中很多大臣赞成杨宰相，其中也包括太子李亨。

说的人多了，唐玄宗也难免起疑心。于是在这一年冬天，唐玄宗召安禄山进京。如果他不来，说明心里有鬼；如果敢来，至少可以打消众人的疑虑。

结果令杨国忠失望。

这年年底，就在大唐子民等着过春节的时候，安禄山穿过北方的风雪，一路赶到长安。

大年初三，安禄山入朝觐见。述职报告条分缕析，依旧优秀。

大年初四，玄宗就带他去了华清宫。温泉水洗净了贵妃的凝脂，安禄山的眼泪也洗清了老皇帝的疑心。

他可怜巴巴地跪在唐玄宗面前哭诉："我这个胡人，原本做不了这么大的官，是陛下您的信任，我才有了今天。没想到杨国忠嫉恨我，要整死我，我怕是活不成了……"

唐玄宗欣慰一笑，心头疑虑如温泉水雾般消散。

"安爱卿啊，你是朕的忠臣良将，朕怎么会怀疑你呢？大过年的，不能让你白来，说吧，要什么？"

机会来了。安禄山拿出一张长长的愿望清单。

"陇右群牧都使虽然工作苦点，可我喜欢养马，陛下，让我做您的弼马温吧。"

"准了。"

"吉温那小子能干，让他做兵部侍郎吧。"

"准。"

"我手下的兄弟们功勋卓著，不能亏待了他们，给我一些委任状吧。"

"立功就得封官。安爱卿啊，五百个将军头衔，两千个中郎将头衔，你看够吗？"

"够了够了，陛下，我还想当宰相。"

"……爱卿啊，容朕跟大伙商量商量。"

乍暖还寒的早春，安禄山离开长安。临行之前，唐玄宗脱下自己的锦袍，给安禄山披上，又命高力士在长乐坡地铁站给他饯行。

唐玄宗的疑虑消除了，安禄山心里却埋下猜疑的种子。

玄宗还不知道，这是安禄山最后一次觐见，一年后他再次南下，就是带着二十万大军了。他也不做什么安大夫了，而是自称大燕皇帝。当然这是后话，先不提。

安禄山离长安，出潼关，选择水陆昼夜兼程，十五里换一条船，路过每个州县都不下船，高度警备，直至范阳。

他害怕玄宗反悔，更害怕杨国忠出么蛾子。

安禄山的担心并非多余。他想做宰相，唐玄宗原本是答应的，任命书都写好了，却遭到杨国忠反对，理由是安禄山是个半文盲，他要是做了宰相，天下人会鄙视我大唐的。

还有那个酷吏吉温，这棵墙头草先跪舔李林甫，后抱杨国忠大腿，朝里混不下去了，又去投靠安禄山。现在已经是安禄山安插在朝廷的间谍了。

恶人自有恶人磨，杨国忠很快以索贿罪把吉温下狱，这个酷吏，也在酷吏的折磨下结束了罪恶的一生。

做这些大事期间，杨宰相还腾出手，做了一些小事。

为了制衡安禄山，巩固自己的势力，杨国忠上奏朝廷，任命陇右军区一把手哥舒翰，兼任了河西节度使，手握十五万重兵。

哥舒翰急需人才，大量吸纳幕僚。"喜言王霸大略"的高适终于等来机会，以五十四岁高龄远赴河西，成为哥舒翰幕府掌书记。

西行途中，高适感念哥舒翰的赏识，英雄孤胆，舍命相报：

浅才登一命，孤剑通万里。

岂不思故乡？从来感知己。

——《登陇》

他已隐隐有了预感，半生的煎熬和等待即将过去，从此之后，他将是诗人里最能打仗的、战场上最会写诗的人。

万里不惜死，一朝得成功。

画图麒麟阁，入朝明光宫。

——《塞下曲》

当然，要入朝明光宫，高适先生暂且稍等，这是黎明前的黑暗。

现在明光宫里耀武扬威的还是杨国忠。

他又略施手段，排挤掉那个叫颜真卿的兵部员外郎，把他调往平原郡（今山东德州）做太守，那是安禄山的地盘。

安禄山和唐玄宗很快就会发现，这个拿惯毛笔的文官，竟然一点都不软。他的"金刚怒目，壮士挥拳"，也会打在安禄山身上。

从高适所在的凉州，向西三千里是北庭都护府（今乌鲁木齐东北），军区一把手封常清已经整装待发，进攻大勃律国。

他帐下的节度判官岑参，正在预祝他凯旋：

君不见走马川行雪海边，平沙莽莽黄入天。

> 轮台九月风夜吼，一川碎石大如斗，随风满地石乱走。
>
> 匈奴草黄马正肥，金山西见烟尘飞，汉家大将西出师。
>
> ——《走马川行奉送封大夫出师西征》

一如岑参的判断，这次出征，封常清击剑酣歌，凯旋回师。他将在第二年入朝奏事，溃败在安禄山的铁蹄下，死在唐玄宗的愚蠢里。那是另外一个故事了。

这一年的杜甫……算了，让可怜的老杜安静一会儿吧。因为他日夜思念的李白哥哥，这时也躲在宣城的敬亭山了。

> 众鸟高飞尽，孤云独去闲。
>
> 相看两不厌，只有敬亭山。
>
> ——《独坐敬亭山》

诗仙真的累了。

还是这一年，那个制霸《黄鹤楼》的崔颢去世了。生前，他曾在朝廷做监察御史，受尽杨国忠排挤，宦海沉浮，一生郁郁，以至于"晚节忽变常体，风骨凛然"。临死前，他写下一首《长安道》，冥冥之中预言着杨国忠们的命运：

> 长安甲第高入云，谁家居住霍将军。
>
> 日晚朝回拥宾从，路傍拜揖何纷纷。

莫言炙手手可热，须臾火尽灰亦灭。

莫言贫贱即可欺，人生富贵自有时。

一朝天子赐颜色，世上悠悠应始知。

可惜啊，人在炙手可热的时候，天子赐颜色的时候，怎么会知道悠悠命运呢？

杨国忠不知，安禄山不知，唐玄宗也不知。

时间来到公元755年，改变大唐国运，改变所有人的命运，乃至改变中国历史走向的安史之乱，终于进入了倒计时。

这年初春，安禄山再次派人入朝，提出一个匪夷所思的请求，要用三十二位番将替换掉原本的汉人将领。

傻子都看得出来，这太不寻常了。即便是以最善意的揣测，也能觉察出这个请求的诡异：我大唐朝廷都这么信任番人了，为什么你安禄山不信任汉人？

杨国忠必须拿出对策。

他带着一群官员劝阻玄宗，说，安禄山这是要造反的节奏，当务之急，我们不如答应他做宰相，让他入朝受命。然后再指派三个人，分别取代他的三个军区节度使职务。他人在朝中，不敢不从。

唐玄宗依然不愿相信。这么能打的一个将领，换掉太舍不得，于是就先派一名宦官前去打探。

一个宦官嘛，好对付！安禄山拿出一堆金银搞定。这名宦官回到朝中，继续说安禄山的好话。唐玄宗再次印证自己的英明，对杨国忠说："禄山，朕推心待之，必无异志……朕自保之，卿等勿忧也！"

我担保安禄山不会反，你们不要担心。

不担心才怪。

杨国忠接着使出第二招——你不反，我就逼你反。

他带着人包围了安禄山在长安的住宅，杀掉安禄山的门客。此时安禄山的儿子安庆宗还在长安做官，赶紧通知老爹。

安庆宗的订婚对象是皇室郡主。杨国忠利用这一点，再生一计，让安庆宗的婚礼提前办，骗安禄山来长安参加儿子婚礼。

安禄山当然知道，他如果去了，那场婚礼就是他的葬礼。

留给他的时间不多了。

现在，他企图利用唐玄宗的最后一丝信任，再向朝廷提一个请求。他上奏说，他精心挑选了三千匹良马，准备送到长安孝敬唐玄宗。送马的团队，包括每匹马配两个马夫，外加二十二名将领。

这哪是送的战马，分明是特洛伊木马啊！

唐玄宗终于醒了。

这年八月，安禄山麾下的士兵们发现，他们的伙食忽然变好了，粮食充足，有酒有肉。马的饲料也是敞开了吃，每一匹都膘肥体壮。当然，训练强度也加大了。

同一时间，远在新疆的轮台县已是北风呼啸，大雪纷飞。中军帐里，岑参正跟同僚推杯换盏，为一个即将回长安的朋友践行：

北风卷地白草折，胡天八月即飞雪。

忽如一夜春风来，千树万树梨花开。

散入珠帘湿罗幕，狐裘不暖锦衾薄。

将军角弓不得控，都护铁衣冷难著。

瀚海阑干百丈冰，愁云惨淡万里凝。

中军置酒饮归客，胡琴琵琶与羌笛。

纷纷暮雪下辕门，风掣红旗冻不翻。

轮台东门送君去，去时雪满天山路。

山回路转不见君，雪上空留马行处。

这首诗叫《白雪歌送武判官归京》。那位不知名字的武先生还不知道，这次归京，终其一生，再也回不到西域了。

安史之乱的战火燃起，朝廷抽调安西、北庭的大部分兵力来两京救火，吐蕃和回鹘乘虚而入，那里很快就不属于大唐了。

汉家子民，再次看到这片瀚海的八月飞雪，要等一千年后的"故土新归"。

愁云惨淡万里凝。

与武判官一起到达长安的，还有寒冷的北风。

这年十月，我们的杜甫已经在长安做了九年"京漂"。他终于得到一个公务员的岗位。具体工作，是京城护卫军的仓库管理员，级别正八品下。

到岗之前，他决定先回一趟一百公里外的奉先县。两年前，他已经不能负担老婆孩子在长安的生活，将他们送到奉先的亲戚家寄住。

现在他找到了工作，要去看望他们。

在这一百多公里的行程中，由杜甫的所思所想、所见所闻，诞生了一首划时代的长歌。现在，让我们节选一部分，看看这盛世下的满目疮痍。

一开头，杜甫就陷入沉郁的思绪：

> 杜陵有布衣，老大意转拙。
> 许身一何愚，窃比稷与契。

杜甫当时四十三岁。他说，我这个没用的人，活这么大了，还越活越笨。笨到把自己当作上古的两位贤臣，真是没有自知之明啊。

> 居然成濩落，白首甘契阔。
> 盖棺事则已，此志常觊豁。
> 穷年忧黎元，叹息肠内热。
> …………

除了高谈阔论，写几篇破诗，我啥也不会，倒也甘心一辈子穷困。这句类似于自嘲，百无一用是书生。

要是死了也就算了，可我还没死。没死我就不甘心，我一年年为老百姓忧心，肝肠如焚。

> 岁暮百草零，疾风高冈裂。

天衢阴峥嵘，客子中夜发。

霜严衣带断，指直不得结。

现在是冬天，百草凋零，寒风恨不得把山冈吹裂。

我盯着阴云重重的天空，大半夜上路了。

我的手冻僵了，连衣带开了都无法打结。

凌晨过骊山，御榻在嵽嵲①。

蚩尤塞寒空，蹴踏崖谷滑。

瑶池气郁律，羽林相摩戛。

君臣留欢娱，乐动殷胶葛。

赐浴皆长缨，与宴非短褐。

他说，我在凌晨经过骊山脚下，知道皇帝就在山上。

山上雾气弥漫，崖谷湿滑。华清池里水汽蒸腾，还能听到禁卫军刀枪的嚓嚓声。君臣的欢笑声、音乐声响彻山谷。

享受这场海天盛筵的都是大官，老百姓连门也进不去。

在《资治通鉴》里，这一年有一条简短的记载："冬，十月庚寅，上幸华清宫。"十月初四，唐玄宗到华清宫温泉度假。我们常说杜甫写的是"诗史"，此处可见一斑。

他继续写道：

———————

① 嵽嵲（dì niè）：形容山很高大。

> 彤庭所分帛，本自寒女出。
>
> 鞭挞其夫家，聚敛贡城阙。

这一联是千古名句。我们不要忘了，"绢帛"在当时不仅仅是衣料，还是货币。

杜甫的批评非常尖锐，非常大胆。他说，朝廷君臣的赏赐、家产、锦衣玉食，都是贫家女孩一针一线的血汗。你们鞭打她们的丈夫，催逼交税，疯狂聚敛，肥了朝廷。

> 况闻内金盘，尽在卫霍室。
>
> 中堂舞神仙，烟雾散玉质。
>
> 暖客貂鼠裘，悲管逐清瑟。
>
> 劝客驼蹄羹，霜橙压香橘。

卫霍是卫青和霍去病，都是当时的外戚。杜甫是说，我听说宫内的财富，都在这些掌握兵权的外戚手里——指杨国忠。

他们在华堂上搂着歌姬跳舞，烟雾缭绕，欲仙欲死。他们有貂皮大衣，有丝竹管弦，有驼蹄肉羹，竟然还有南方的水果。

这一切，都化为另一个千古名句：

> 朱门酒肉臭，路有冻死骨。
>
> 荣枯咫尺异，惆怅难再述。

杜甫说，贫富差距这么大，老子无语了。

接下来，杜甫又低下头，继续赶路。

路上有结冰的河、刺骨的风、陡峭的山，但他必须走下去。

因为他想老婆孩子了：

> 老妻寄异县，十口隔风雪。
>
> 谁能久不顾，庶往共饥渴。
>
> 入门闻号啕，幼子饥已卒。
>
> 吾宁舍一哀，里巷亦呜咽。

这几句读来令人眼眶发烫。

大意是：我媳妇寄住在奉先，十口亲人，与我隔着茫茫风雪。怎能不管他们呢？我必须回去与他们同甘共苦。

可是一推开家门，等待他的并不是喜悦，而是人生大悲剧——他的小儿子饿死了。杜甫说，叫我怎能不悲伤啊！街坊四邻都哭了。

> 所愧为人父，无食致夭折。
>
> 岂知秋禾登，贫窭有仓卒。

我真是愧为人父啊，竟然让孩子饿死了。

谁能想到这才刚过秋天，竟然发生这样的事。

这些叹息还有另一层含义。我们知道，饥荒一般都发生在春天，秋粮已经吃完，夏粮还没成熟，所谓青黄不接。但现在才是冬天，不应该出现饥荒的，就算他们家没粮，到四邻家借一点也能活命啊。

真相只有一个：大家的粮食都交税了。

像对那些寒女一样，朝廷用"鞭挞"的方式，拿走了大唐子民的一切。

于是，杜甫由己及人，想到更多的老百姓：

> 生常免租税，名不隶征伐。
>
> 抚迹犹酸辛，平人固骚屑。
>
> 默思失业徒，因念远戍卒。
>
> 忧端齐终南，澒洞不可掇。

他说，我家不用交税，不用服兵役，都尚且如此，那些平头百姓的日子可想而知。（杜甫的祖父、父亲都是官员，自己也刚做官，按唐律免兵役和租税。）我想起那些失去产业的人，那些去边塞打仗的人，他们的家庭又会怎样。

在同一时期，杜甫的岑参兄弟还真写过一句"远戍卒"的生活，那是一句五味杂陈的诗："关西老将能苦战，七十行兵仍未休。"

这名七十岁的老兵，估计读不到杜甫的诗了。

最后他说，我的忧愁悲哀如同终南山，无边无际，弥漫四野，无法消除。

这首诗叫《自京赴奉先县咏怀五百字》，并不像杜甫其他的诗那样朗朗上口，但在中国整个诗歌史上，它意义非凡。

杜甫曾在简历里介绍自己，"下笔如有神"。这五百字就是如有神助，冥冥之中，已经奏响大厦崩塌的序曲。

皇帝怠政，穷兵黩武，政治腐败，民不聊生，长期积压的所有矛盾，终于突破临界点。

这年十一月初九，杜甫的眼泪还没干，安禄山就带着十五万大军（对外号称二十万），从范阳起兵，直下中原。

铁蹄所至，摧枯拉朽。三十四天后，洛阳失陷。五十二天后，安禄山自封大燕皇帝。半年后，长安失陷。

"渔阳鼙鼓动地来，惊破霓裳羽衣曲。"

一个时代就此落幕。

⑭ 一个时代的终结

在此后八九年里，是大唐的八年抗战，一幕幕或悲壮或惨烈或血腥的故事轮番上演。

马嵬坡下，杨家几乎灭门；睢阳城里，张巡咬碎钢牙。

潼关阵中，高仙芝、封常清殒命；平原郡下，颜氏兄弟铁骨铮铮。

陈陶斜里，四万义军同日死；大明宫内，李家父子皇权易。

高适、岑参救国立功；李白上了贼船差点被杀头；而我们的老杜也拖家带口，来到成都避难。

诗歌的星空也暗淡下来。

唐朝寿命将近三百年，安史之乱恰恰发生在它的中间，这是盛唐的转折点，政权、诗歌、文化、民族信心，此后将是另一番模样。

潘多拉魔盒已经打开。为了应付来势汹汹的叛乱，大唐打乱现有的军区格局，重设全国新藩镇；人才断层，信任绝迹，一批宦官走向政治舞台；文人士族与贵族官员的矛盾更加突出。这三项，在中晚唐演化成为藩镇割据、宦官干政和牛李党争，一直到大唐灭亡。

可是，如果站在当年的长安城放眼四望，那分明是世界上最强大的国家。就在当时，以长安为起点，向西12000余里都是大唐疆域。据公元740年户部记录的数据，大唐治下有328个州郡，1573个县，人口近5300万。

要知道，上一次人口突破5000万，还是在一百五十年以前。这仍是如日中天、烈火烹油的时代，谁会想到寒夜将至呢？

唐玄宗逃到成都后，专程派使者到岭南张九龄墓前祭拜。想必，那是一个老皇帝的悔恨吧。

到了晚唐，唐宣宗四处搜寻张九龄后人，想要找一幅他的画像，因为凌烟阁的功臣牌位上，已经新添了一个名字：中书令张九龄。

或许，逃亡中的唐玄宗想到的不仅有张九龄，还有四十四年前对姚崇的承诺：

"我想让陛下施仁政，能做到吗？"

"能。"

"不要贪恋边功、轻易用兵，能做到吗？"

"能。"

"不要让外戚专权。"

"可以。"

"不要收官员的进献。"

"没问题。"

…………

后 记

最后，让我们把这幅长卷的最后一幕，留给李白吧。

长安是他的荣耀之城，伤心之城，也是他再也回不去的地方。

西风落日，箫声呜咽，诗仙少了一些飘逸和清狂，只留下一个落寞的身影。他在《忆秦娥》里写道：

箫声咽，秦娥梦断秦楼月。

秦楼月，年年柳色，灞陵伤别。

乐游原上清秋节，咸阳古道音尘绝。

音尘绝，西风残照，汉家陵阙。

参考书目

《资治通鉴》，[宋]司马光编著，中华书局，2018年12月。

《剑桥中国隋唐史》，[英]崔瑞德编，中国社会科学出版社，1990年12月。

《安禄山叛乱的背景》，[加]蒲立本著，丁俊译，中西书局，2018年4月。

《开元天宝遗事（外七种）》，[五代]王仁裕等撰，上海古籍出版社，2012年8月。

《杜甫传》，冯至著，人民文学出版社，1980年3月。

《人间最美是清秋：王维传》，毕宝魁著，现代出版社，2017年1月。

《高适岑参诗选评》，陈铁民撰，上海古籍出版社，2018年6月。

《杜甫诗选》，莫砺峰、童强撰，商务印书馆，2018年4月。

《元稹诗文选》，杨军、文笙、吕燕芳选注，人民文学出版社，2017年10月。

《一代文宗：韩愈传》，邢军纪著，作家出版社，2016年10月。

《碧霄一鹤：刘禹锡传》，程韬光著，作家出版社，2015年8月。

《沧浪诗话评注》，[宋]严羽著，陈超敏评注，上海三联书店，2018年9月。

《唐诗小札》，刘逸生著，中国青年出版社，2016年10月。

《红楼梦新证》，周汝昌著，中华书局，2016年1月。

《曹寅与康熙：一个皇帝宠臣的生涯揭秘》，[美]史景迁著，温洽溢译，广西师范大学出版社，2019年6月。

《赵晓岚说李煜：林花谢了春红》，赵晓岚著，人民文学出版社，2009年4月。

《王安石变法》，易中天著，浙江文艺出版社，2017年3月。

《苏轼传》，王水照、崔铭著，天津人民出版社，2013年11月。

图书在版编目（CIP）数据

鲜衣怒马少年时 . 2 / 少年怒马著 . -- 长沙：湖南文艺出版社，2021.8（2025.5 重印）

ISBN 978-7-5726-0232-0

Ⅰ.①鲜… Ⅱ.①少… Ⅲ.①诗人－人物研究－中国－唐宋时期②唐诗－诗歌欣赏③宋词－诗歌欣赏 Ⅳ.①K825.6②I207.2

中国版本图书馆 CIP 数据核字（2021）第 115889 号

上架建议：文学·畅销

XIANYI-NUMA SHAONIAN SHI 2
鲜衣怒马少年时 2

作　　者：少年怒马
出 版 人：陈新文
责任编辑：匡扬乐
监　　制：于向勇
策划编辑：楚　静
营销编辑：王　凤　段海洋　罗　洋
封面设计：利　锐
版式设计：李　洁
内文排版：麦莫瑞
封面主图：蓝雯轩
书名题字：郑秋琳
出　　版：湖南文艺出版社
　　　　　（长沙市雨花区东二环一段 508 号　邮编：410014）
网　　址：www.hnwy.net
印　　刷：三河市中晟雅豪印务有限公司
经　　销：新华书店
开　　本：875mm×1230mm　1/32
字　　数：340 千字
印　　张：10
版　　次：2021 年 8 月第 1 版
印　　次：2025 年 5 月第 9 次印刷
书　　号：ISBN 978-7-5726-0232-0
定　　价：49.00 元

若有质量问题，请致电质量监督电话：010-59096394
团购电话：010-59320018